12 mars 1885

CATALOGUE

DE

LIVRES RARES

ET CURIEUX

Pour la plupart en belle condition

PROVENANT DU CABINET D'UN BIBLIOPHILE

VENTE

AUX ENCHÈRES PUBLIQUES

LES JEUDI 12 ET VENDREDI 13 MARS 1885

à 7 heures 1/2 du soir

Rue Dauphine, 16, au rez-de-chaussée, 1re cour à droite.

Par le Ministère de Me G. BOULLAND, Commissaire-Priseur

26, Rue Neuve-des-Petits-Champs

Assisté de M. A. CLAUDIN, Libraire-Expert et Paléographe

PARIS

LIBRAIRIE A. CLAUDIN

3, Rue Guénégaud, 3 (près le Pont-Neuf).

M.D.CCC.LXXXV

Dole. — Typ. CH. BLIND, rue Dusillet, 19.

CATALOGUE

DE

LIVRES RARES

ET

CURIEUX

CATALOGUE

DE

LIVRES RARES

ET CURIEUX

Pour la plupart en belle condition

PROVENANT DU CABINET D'UN BIBLIOPHILE

VENTE

AUX ENCHÈRES PUBLIQUES

LES JEUDI 12 ET VENDREDI 13 MARS 1885

à **7 heures 1/2 du soir**

Rue Dauphine, 16, au rez-de-chaussée, 1re cour à droite.

Par le Ministère de Me G. BOULLAND, Commissaire-Priseur

26, Rue Neuve-des-Petits-Champs

Assisté de M. A. CLAUDIN, Libraire-Expert et Paléographe

PARIS

LIBRAIRIE A. CLAUDIN

3, Rue Guénégaud, 3 (près le Pont-Neuf).

M.D.CCC.LXXXV

CATALOGUE

DE

LIVRES EN BELLE CONDITION

THÉOLOGIE

HISTOIRE DES RELIGIONS

JURISPRUDENCE

1. — L. C. Lactantii Firmiani opera quæ extant cum not. A. Thysii. *Lugd. Bat.*, 1652, pet. in-8, front. gr., mar. r. du Lev., dos orné, fil., dent. extér. et int., mors en mar., tr. dor. (*Châtelin*).

2. — De Imitatione Christi, libri IV, auct. Th. a Kempis. *Glasguæ, R. et A. Foulis*, 1751, pet. in-12, mar. v. du Lev. à nerfs, dent. int., mors en mar., tr. r. (*Châtelin*).

3. — Rever. Patris, fratris. Michael. Menoti, ordinis Franciscani, sacre theologie professoris, zelantissimique predicatoris, qui lingua aurea sua tempestate nuncupatus est, sermones quadragesimales, ab ipso olim Turonis declamati. *Parisiis, in edibus Claudii Chevalloni anno* 1525, pet. in-8, gothique à 2 col., veau fauve. (*Rel. ancienne*).

Les sermons de Mich. Menot, prêchés à Tours, sont célèbres par leur bizarrerie. Ils sont entremêlés de français et de latin microscopiques.

4. — Introduct. à la vie dévote du bienheureux François de Sales, evesque et prince de Genève, revue par Silvestre de Sacy. *Paris, Téchener*, 1855, in-18, rel. pleine en mar. r. du Lev. à nerfs, dent. int., tr. dor. (*Ottmann-Duplanil*).

5. — Pensées de M. Pascal sur la religion et sur quelq. autres sujets qui ont esté trouvées après sa

mort parmy ses papiers. *Paris, G. Desprez*, 1670, in-12 de 40 ff., prél. non ch., 334 pag. chiffr. et 10 ff. non chiffr., pour la table, rel. pleine en mar. bl. du Lev. à nerfs, dent. int., tr. dor. (*Cuzin*).

Edition originale suivant Brunet. Selon d'autres, elle ne serait que la seconde.

6. — Pensées de Pascal sur la religion et sur quelques autres sujets. Seconde édition. *Paris, G. Desprez*, 1670, in-12, v. gr. — Les Provinciales ou lettres écrites par L. de Montalte (Bl. Pascal) à un provincial de ses amis et aux PP. Jésuites. *Sur l'impr. à Cologne, N. Schoute*, 1682, in-12, bas. Ens. 2 vol.

7. — Pensées de Pascal sur la religion et sur quelques autres sujets. *Lyon, Cl. Chize*, 1699. — Discours sur les pensées de Pascal (par Filleau de la Chaise). *Lyon*, 1699. 2 ouvr. en 1 vol. in-12, mar. r. du Lev., à nerfs, dos et coins ornés, dent. int., tr. dor. (*Châtelin*).

8. — Pensées de Pascal, avec les notes de M. de Voltaire. *Londres* (*Paris, Cazin*), 1785, 2 vol. in-18, portr. d'après Nanteuil, gr. par Delvaux, mar. n. du Lev., à nerfs, dos et coins ornés, dent. intér., mors en mar., tr. r. (*Châtelin*).

9. — Les Provinciales ou les lettres écrites par L. de Montalte (Bl. Pascal) à un provincial de ses amis et aux PP. Jésuites, avec la théologie morale desdits Pères. *Cologne, N. Schoute*, 1667, pet. in-8, mar. bl. du Lev., à nerfs, dos orné, fil., dent. à petits fers, doublé de mar. r., mors en mar., tr. dor. (*Châtelin*).

10. — Lettres sur les vrais principes de la religion, où l'on examine un livre intitulé : La religion essentielle à l'homme (de Mlle M. Huber), avec une défense des pensées de Pascal contre la critique de M. de Voltaire, par Boullier. *Amsterd.*, 1741, in-12, mar. r. du Lev., à nerfs, dos orné, fil., compr., dent. int., mors en mar., tr. r. (*Châtelin*).

11. — Explication littéraire de l'ouvrage des six jours (par Duguet et Bidel d'Asfeld). *Paris,* 1734, in-12, mar. bl. du Lev., à nerfs, fil., comp., dent. int., mors en mar., tr. dor. (*Châtelin*).

12. — La vie d'Adam, premier homme, avec des réflex. trad. de l'ital. de Loredano. *Suiv. la copie de Paris. Amst.,* 1696, pet. in-12, mar. r. du Lev., à nerfs, dos orné, fil., doublé de vél. v., dent. int., mors en mar., tr. dor. (*Châtelin*).

13. — Histoire du jansénisme, cont. sa conception. sa naissance, son accouchement et son agonie, par le P. Moïse Du Bourg. *Bourdeaux, J. Mongiron-Millanges,* 1658, pet. in-12, mar. or. du Lev., à nerfs., dos et milieu ornés, dent. int., mors en mar., tr. dor. (*Châtelin*).

14. — Institution de la religion chrestienne, par Jean Calvin, avec deux indices : l'un des matières principales, l'autre des passages de l'Escriture exposez en icelle, recueillis par A. Marlorat. *Genève, de l'imprim. de François Perrin,* 1566, in-fol. réglé, mar. rouge, fil., tr. dor. (*Rel. ancienne avec armoiries*).

Edition rare. Au verso du titre on remarque un curieux portrait de Calvin gravé en taille-douce et signé d'un monogramme qui peut être attribué à Woeiriot. — L'exemplaire est grand de marges et bien conservé, mais la reliure est un peu fatiguée.

15. — Histoire du Ciel, où l'on recherche l'origine de l'idolâtrie et les méprises de la philosophie. *Paris,* 1740, 2 vol. in-12, front. par Le Bas, mar. bl. du Lev., à nerfs, dent. int., mors en mar., tr. dor. (*Châtelin*).

16. — L'accord parfait de la nature, de la raison, de la révélation et de la politique, ou traité dans lequel on établit que les voyes de rigueur, en matière de religion, blessent les droits de l'humanité, par un gentilhomme de Normandie (le chev. de Beaumont). *Cologne,* 1753, in-12, mar. bl. du Lev., à

nerfs, dent. int., mors en mar., tr. dor. (*Châtelin*).

Affaire d'Amboise. — La Saint-Barthélemi. — Révocation de l'Edit de Nantes. — L'émigration de 1789. — Affaires des Cévennes. — Invasion de la Provence en 1746. — Des maux sans nombre dont les suites de la Révocation de l'Edit de Nantes continuent d'accabler les Protestans. — Des massacres. — Indignités exercées sur les cadavres. — Etc.

17. — Les abus dans les cérémonies et dans les mœurs développés par L*** (Du Laurens). *Genève*, 1767, in-12, mar. olive du Lev. à nerfs, dos orné, fil., comp., dent. int., mors en mar., tr. r. (*Châtelin*).

18. — Traité des trois imposteurs. *Amsterdam*, 1776, in-12, dem.-rel., dos et coins de cuir de Russie, tête dor., non rog. (*Châtelin*).

19. — Les Merveilles du Ciel et de l'Enfer, et des terres planétaires et astrales, par Emm. de Swedenborg, trad. du lat. par A. J. P. *Berlin*, 1782, 2 tom. en 1 vol. in-8, dem.-rel., v. f.

20. — L'histoire de la vie du pape Sixte V, trad. de l'ital. de Grég. Léti. *Paris*, 1687, 2 tom. en 1 vol. pet. in-8, front. gr., mar. v. du Lev., dos et coins ornés, dent. int., mors en mar., tr. dor. (*Châtelin*).

21. — La vie du pape Benoît XIV, Prosp. Lambertini (par Caraccioli). *Paris*, 1783, in-12, portr., mar. bl. du Lev., à nerfs, dos orné, fil., dent. extér. et int., mors en mar., tr. dor. (*Châtelin*).

22. — Faits des causes célèbres et intéressantes, augm. de quelques causes (par F. A. de Garsault). *Amsterdam*, 1757, in-12, mar. amar. du Lev., dos et coins ornés, dent. int., mors en mar., tr. dor. (*Châtelin*).

Urbain Grandier. — Le gueux de Vernon. — Religieuse prétendue hermaphrodite. — La Cadière. — Juges de Mantes. — Etc.

23. — Du droict de naufrage, par Th. Godefroy. In-fol., dent. rel., v. ant., non rogn.

MANUSCRIT AUTOGRAPHE DE L'HISTORIEN GODEFROY. La préface, adressée au card. de Richelieu, est entièrement de la main de l'auteur, signée par lui et datée de Paris, le 20 janv. 1630. Ce Ms. porte aussi de nombr. corrections de la main de l'auteur. — Piqûre dans la marge du fond.

SCIENCES ET ARTS

I. — PHILOSOPHIE, MORALE, ÉDUCATION, POLITIQUE, ETC.

24. — La vie d'Epictète et sa philosophie (par G. Boileau). *Rouen et Paris*, 1667, pet. in-12, mar. br. du Lev., à nerfs, dos orné. fil., dent. extér. et intér., mors en mar., tr. dor. (*Châtelin*).

25. — Histoire des Sept Sages, par de Larrey, augm de remarques par De La Barre de Beaumarchais. *La Haye*, 1734, 2 vol. in-12, front. gr., mar. vert du Lev., à nerfs, dos orné, fil., dent. int., mors en mar., tr. dor. (*Châtelin*).

26. — M. T. Ciceronis opera, recens. J. N. Lallemand, *Paris, Barbou*, 1768, 14 vol. in-12, portr. gr. par Cathelin, v. écaille, fil.

27. — M. T. Cicero de Officiis. *Lutetiæ, typis J. Barbou*, 1773, pet. in-16, portr. gr. par Huot, mar. r., fil., tr. dor.

28. — Conclusiones nongentæ in omni genere Scientiarum, quas olim J. Picus Mirandula Romæ disputandas proposuit, quarum quingentæ sunt in philosophia veterum, mathematica, cabala, magia, adjectum est Panepistemon Ang. Politiani. *S. l.*, 1532, pet. in-8, cuir de Russie, v., dos et coins ornés, tr. dor. (*Châtelin*).

29. — Essais de Michel, seign. de Montaigne. *Paris, imp. de P. Didot l'aîné*, 1802, 4 vol. in-8, portr. par Saint-Aubin, mar. v., dos orné, fil., tr. dor. (*Bradel-Derome*).

Bel exemplaire en GRAND PAPIER VÉLIN.

30. — De la sagesse, par P. Charron. *Dijon*, 1801, 4 vol. in-12, dem.-rel., dos et coins de mar. v. du Lev., fil., tête dor., non rog.

Exemplaire en GRAND PAPIER VÉLIN.

31. — Les caractères de l'homme sans passions, selon les sentiments de Sénèque (par Mad. de La Ménardière). *Paris,* 1665, pet. in-12, front. gr., mar. br. du Lev., à nerfs, dos et coins ornés, dent. int., mors en mar., tr. dor. (*Châtelin*).

32. — Réflexions ou sentences et maximes morales de La Rochefoucauld, édit. L. Lacour. *Paris, Acad. des Bibliophiles* (*imp. Jouaust*). 1868, in-8, portraits ajoutés, rel. pleine en mar. Lavall., à nerfs, dos orné, fil., comp., dent. int., tr. dor. (*Allo*).

Un des 15 exemplaires sur PAPIER WHATMAN. On y a ajouté 9 portraits, dont 6 de Larochefoucauld, 2 de Mad. de Longueville et 1 de Mad. de Sévigné, savoir : I. *La Rochefoucauld,* d'après Petitot, gravé par Hopwood; II. Le même, d'après Monsiau, gravé par S. Aubin; III. Le même, d'après Devéria, gravé par Burdet, axant la lettre sur chine ; IV. Le même, d'après Petitot, gravé par Bertonnier, avant la lettre sur chine ; V et VI. Le même, d'après Petitot, gravé par Ceroni, 2 épreuves avant et avec lettre ; VII et VIII. *Madame de Longueville,* d'après Petitot, gravé par Ceroni, double épreuve avant et avec la lettre sur chine ; IX. *Madame de Sévigné,* dessiné et gravé par Saint-Aubin.

33. — Les pensées, maximes et réflexions morales du duc de La Rochefoucauld, avec des remarques par Amelot de La Houssaye, etc., et des maximes chrétiennes, par Mad. de La Sablière. *Paris,* 1777, in-12, mar. br. du Lev., à nerfs, dent. int., mors en mar., tr. dor. (*Châtelin*).

34. — Réflexions ou sentences et maximes morales du duc de La Rochefoucauld, maximes de la marq. de Sablé, pensées diverses de M. L. D. et les maximes chrétiennes de M. *Amsterdam,* 1705, pet. in-12, front. gr., mar. bleu du Lev., à nerfs, dent. intér., tr. dor. (*Châtelin.*).

35. — Les Caractères de Théophraste, trad. du grec avec les caractères ou les mœurs de ce siècle, quatrième édition corrigée et augmentée (par La Bruyère). *Paris, E. Michallet,* 1689, in-12, v. marbr.

QUATRIÈME ÉDITION ORIGINALE. Exemplaire de PREMIER ÉTAT, c'est-à-dire avant *certains cartons* qui ont été signalés pour la première fois dans le Catalogue Rochebilière, sous le n° 616, et en tous points conforme à la description qui en est donnée. Déchirure au bas du titre, enlevant une partie des chiffres composant la date. — Hauteur des marges : 158 mill.

36. — Les Caractères de Théophraste, trad. du grec, avec les caractères ou les mœurs de ce siècle, sixième édition (par La Bruyère). *Paris, E. Michallet,* 1691, in-12, dem.-rel.

Sixième édition originale. Elle est plus ample que les précédentes. On y trouve 77 caractères publiés pour la première fois, parmi lesquels les *Caractères du Distrait, d'Onuphre,* les portraits de *La Fontaine,* de *Santeul,* etc. — Hauteur des marges : 160 mill.

37. — Les Caractères de Théophraste, trad. du grec, avec les caractères ou les mœurs de ce siècle, septième édition, reveue et corrigée (par La Bruyère). *Paris, Est. Michallet,* 1692, in-12, v. gr.

Cette septième édition originale est importante, car elle présente des différences et des augmentations notables sur l'édition précédente. On y trouve 77 caractères qui paraissent là pour la première fois. Les principaux caractères nouveaux sont *Emile,* ou le parfait modèle de l'homme de guerre ; *Roscius,* ou les hommes publics qui se disputaient certaines dames de la Cour ; plusieurs portraits de coquettes, de prudes, de dévotes, etc. — Cet exemplaire porte sur les marges une clef manuscrite d'une écriture ancienne. Hauteur des marges : 163 mill. — Petite tache aux 3 premiers feuillets.

38. — Les Caractères de Théophraste, trad. du grec, etc. (par La Bruyère), septième édition. *Lyon, Th. Amaulry,* 1693, in-12 de 16 ff. prél. non chiffr., y compr. le titre, 587 pp. chiffr., 3 pag. de table et 1 page de privilège, bas.

Cette édition porte sur son titre *Septième édition,* mais suivant M. Destailleurs, c'est une réimpression de la sixième édition de Paris. Elle est tellement rare que M. Servois déclare n'en avoir pu voir *aucun exemplaire* et qu'il ne la cite que d'après M. Destailleurs. — Hauteur des marges : 161 mill. 1/2.

39. — Les Caractères de Théophraste, trad. du grec, avec les caractères ou les mœurs de ce siècle, neuvieuve édition, revue et corrigée (par La Bruyère). *Paris, E. Michallet,* MDC.CXVI (1696), in-12, v. br.

Neuvième et dernière édition originale, présentant le texte définitif de La Bruyère, avec ses dernières retouches. — On a ajouté en marge une clef manuscrite d'une écriture ancienne. — Hauteur des marges : 160 mill.

40. — La logique ou l'art de penser (par Arnauld et Nicole, etc.). *Amsterdam*, 1718, pet. in-8, front. gr., mar. v. du Lev., dos orné, fil., milieu orné, dent. int., mors en mar., tr. dor. (*Châtelin*).

41. — Du bel esprit, où sont examinez les sentimens qu'on en a d'ordinaire dans le monde (par F. de Callières). *Suiv. la copie de Paris, Amst.*, 1695, pet. in-12, mar. olive du Lev. à nerfs, dent. int., mors en mar., tr. dor. (*Châtelin*).

42. — Pensées ingénieuses des anciens et des modernes, rec. par le P. B. (Bouhours). *Paris*, 1692, in-12, front. gr. par Schoonebeck, mar. r. à nerfs, dent. int., mors en mar., tr. dor. (*Châtelin*).

43. — Traité contre le luxe des hommes et des femmes, et contre le luxe avec lequel on élève les enfants de l'un et de l'autre sexe (par Dupradel). *Paris*, 1705, in-12, dem.-rel., mar. r. du Lev.

44. — Essais de Théodicée sur la bonté de Dieu, la liberté de l'homme et l'origine du mal (par Leibnitz) *Amst.*, 1710, in-8. — Réflex. sur l'ouvrage que M. Hobbes a publié en anglois, de la liberté, de la nécessité et du hazard, in-8. — Causa Dei asserta per justitiam ejus, cum cæteris ejus perfectionibus, cunctisque actionibus conciliatam. *Amst.*, 1710, 3 ouvr. en 1 vol. in-8, v. fauve.

Edition originale de Leibnitz.

45. — Réflexions morales satiriques et comiques sur les mœurs de notre siècle (attrib. à J.-F. Bernard). *Amsterd.*, 1713, in-12, front. gr., mar. r. du Lev., à nerfs, dent. int., mors en mar., tr. dor. (*Châtelin*).

46. — Œuvres philosophiques de M. de la Mettrie. *Amsterdam*, 1753, 2 vol. pet. in-12, mar. rouge, fil., tr. dor.

Joli exemplaire dans une reliure ancienne très fraîche. On a joint à la fin du 2e volume les deux opuscules suivants du même auteur, faits sous le voile de l'anonyme : *L'homme machine*. Leyde, 1748. — *L'art de jouir*. A Cythère, 1753.

47. — La jouissance de soi-même, par le marq. de Caraccioli. *Francfort-en-Foire*, 1761. 1 vol. — De la gaieté, par le même. Francfort, 1762, 1 vol. Ens. 2 vol. in-12, mar. v. du Lev. à nerfs, dos orné, fil., dent. à petits fers, mors en mar., tr. dor. (*Châtelin*).

48. — Œuvres du philosophe de Sans-Souci (Frédéric II, roi de Prusse). *Potsdam et Amst.*, 1760, in-12, mar. or. du Lev., à nerfs, dos orné, fil., dent., mors en mar., tr. dor. (*Châtelin*).

49. — Pensées philosophiques (par Diderot). Pet. in-4, v. fauve., tr. dor. (*Reliure ancienne*).

Manuscrit du xviiie siècle, composé de 128 pag. d'une jolie écriture. — Bel état de conservation.

50. — L'homme moral, ou l'homme considéré tant dans l'état de pure nature que dans la société, par P.-Ch. Levesque. *Amsterd.*, 1775, in-12, mar. r. du Lev., à nerfs, dos et milieu orné, fil., dent. int., mors en mar., tr. dor. (*Châtelin*).

51. — Lettres sur l'éducation des Princes (par Nonney de Fontenai), avec une lettre de Milton, où il propose une nouv. manière d'élever la jeunesse d'Angleterre (par l'abbé Le Blanc). *Edimbourg*, 1746, in-12, mar. viol. du Lev. à nerfs, dent. int., mors en mar., tr. dor. (*Châtelin*).

52. — De l'éducation des enfants, trad. de l'angl. de Locke, par Coste. *Amsterdam*, 1738, 2 tom. — Supplément au traité de la manière d'enseigner et d'étudier les Belles-Lettres, par Rollin. *Paris*, 1734, 2 ouvr. en 1 vol. in-12, portr., rel. pleine en mar. v. du Lev. à nerfs, dent. int., mors en mar., tr. dor. (*Châtelin*).

53. — Essai philosoph. conc. l'entendement humain, par Locke, trad. par Coste. *Amsterdam*, 1774,

1 vol. in-12, mar. r., dos orné, fil., dent. int., mors en mar., tr. marbr. *(Châtelin).*

54. — L'homme détrompé ou le Criticon de Balt. Gracian, trad. de l'espagn. *La Haye*, 1725, 2 vol. in-12. front. gr., mar. r. du Lev., dos orné, fil., dent. int., mors en mar., tr. dor. *(Châtelin).*

55. — Amusement philosoph. sur le langage des bestes (par le P. Bougeant). *Paris*, 1750, in-12, mar. v. du Lev. à nerfs, dos et coins ornés, dent. int., mors en mar., tr. dor. *(Châtelin).*

56. — Essai philosoph. sur l'âme des bêtes, etc. (par D. R. Boullier). *Amst.*, 1728, in-12, mar. r. du Lev. à nerfs, dos et coins ornés, dent. int., mors en mar., tr. dor. *(Châtelin).*

57. — Emile ou de l'éducation, par J.-J. Rousseau. *Paris, imp. de Didot le jeune*, 1793, 2 vol. in-4, front. et figures par Cochin, cart., non rog.

Exemplaire en grand papier vélin. Cet ouvrage forme les tomes 4 et 5 des Œuvres complètes.

58. — Des erreurs et des préjugés répandus dans les diverses classes de la société, par J.-B. Salgues. *Paris*, 1818, 3 vol. in-8, br.

Possession des Ursulines de Loudun. — Quatre-vingt-dix-neuf moutons et un Champenois font-ils cent bêtes ? — Urbain Grandier, son procès. — Juif-Errant. — Accouchements extraordinaires. — Hermaphrodites. — Pucelle d'Orléans. — Etc., etc.

59. — De l'Education, par Mgr Dupanloup. *Paris*, 1861, 3 vol. — De la haute éducation intellectuelle, par le même. *Paris*, 1866, 3 vol. — Ens. 6 vol. in-8, br.

60. — Anthropométrie ou mesure des différentes facultés de l'homme, par Quételet. *Bruxelles*, 1870, gr. in-8, planch., br.

61. — Idée d'une République heureuse ou l'Utopie de Th. Morus, trad. en franç. par Gueudeville. *Amsterd.*, 1730, pet. in-8, front. gr., figures de Bleyswyck, v. marbr.

Exemplaire bien complet, avec la figure des preuves de la virilité, qui manque souvent.

62. — Recherches politiques très curieuses tirées de toutes les histoires tant anc. que mod. (trad. du latin de Boxhornius, par Savinien d'Alquié). *Amsterdam, G. Commelin,* 1669, pet. in-12, mar. br. du Lev. à nerfs, dent. int., mors en mar., tr. dor. *(Châtelin).*

63. — Histoire du gouvernement des anciennes Républiques, par Turpin. *Paris,* 1769, in-12, mar. Lavall. à nerfs, dos orné, fil., comp. à petits fers, dent. int., mors en mar., tr. dor. *(Châtelin).*

64. — Recherches sur l'origine du despotisme oriental (par Boulanger). S. l. *(Paris),* 1761, in-12, mar. r. du Lev., dos et coins ornés, dent. int., mors en mar , tr. r. *(Châtelin).*

65. — Du contrat social, par J.-J. Rousseau. *Amst., M.-M. Rey,* 1762, in-8, v. gr. — Œuvres posthumes et œuvres inédites de Vauvenargues, avec notes par D. L. Gilbert. *Paris,* 1857, in-8, dem.-rel. mar. bl. Ens. 2 vol.

66. — Du Contrat social ou principes du droit politique, par J.-J. Rousseau. *Paris, impr. de Didot l'aîné,* 1792, 2 vol. in-16, portr. gr. par Carrée, mar. r., fil., dent., tr. dor. *(Rel. anc.).*

67. — Suppléments au sistème de M. de Vauban, sur l'ordre naturel des revenus de l'Etat, ou traitté de l'œconomie naturelle et politique des sels et autres matières de finances, 2 part. en un vol. in-fol., mar. n., fil., tr. dor. (*Rel. ancienne aux armes du duc d'Orléans, Régent*).

MANUSCRIT DU XVIIIe SIÈCLE. — Au-dessous du titre on lit la mention suivante manuscrite : « *Remis à Mgr le duc de Noailles ce jourd'huy 5 sept.* 1716. — Ce manuscrit, qui paraît être autographe, est signé de son auteur, un nommé *Ruinet.*

68. — Le libre échange et l'impôt, études d'économie politique, par le duc de Broglie. *Paris,* 1879, in-8, dem.-rel. v. fauve.

II. — SCIENCES NATURELLES, MÉDICALES, MATHÉMATIQUES.

69. — Histoire des anc. révolutions du globe terrestre, avec une relation chronol. et hist. des tremblements de terre arrivés sur notre globe (trad. de l'allem. de Kruger, par Deslandes). *Amsterd. et Paris*, 1753, in-12, figures, mar. r. du Lev., dos et coins ornés, dent. int., tr. dor. *(Châtelin).*

70. — Cosmos, essai d'une description physique du monde, par Alex. de Humboldt, trad. par Faye et Galuski. *Paris*, 1846-1867, 4 vol. in-8.

Les 3 premiers vol. sont dem.-rel., dos et coins de mar. r., fil. ; le 4e est broché.

71. — Le Jardin des Plantes, description du muséum d'histoire naturelle, etc., par Bernard, Couailhac, Gervais et Lemaout. *Paris, Curmer*, 1842-43, 2 vol. gr. in-8, front. gr., portr., nombr. fig. en noir et color., vign. par Jacque, etc., dem.-rel., dos et coins de mar. v. du Lev., dos orné, fil., tête dor., ébarbé.

72. — Manuel général des plantes, arbres et arbustes, par Jacques, Hérincq (Duchartre, Carrière et Naudin). *Paris*, 1857, 4 vol. pet. in-8 à 2 col., dem.-rel. chagr. n.

73. — Souvenirs d'un naturaliste, par De Quatrefages. *Paris*, 1854, 2 vol. in-12, br.

74. — Le secret des secrets ou le secret de faire rapporter aux terres beaucoup de grains avec peu de semence (par le Prieur de La Perrière). *Paris*, 1698. — Moyen très facile de multiplier beaucoup et à peu de frais, par l'usage de la matière universelle, le froment, le seigle, etc. (par le même). *Paris* (1698), 2 pièces en 1 vol. pet. in-8, dem.-rel., dos et coins de mar. v., fil.

Pièces rares. — Sur la garde on lit une longue et intéressante note de M. A. Dinaux, auquel ce volume a appartenu.

75. — Traité de la production et de la destruction des choses d'Aristote, trad. par Barthélemy-St-Hilaire. *Paris*, 1866, gr. in-8, br.

76. — Zoonomie ou lois de la vie organique, par E. Darwin, trad. de l'angl. par I. F. Kluyskens. *Gand*, 1810, 4 vol. in-8, dem.-rel. bas. viol.

77. — Zach. Brendelii Chimia in artis formam redacta cum discursu de auro potabili. *Lugd. Batav., Arn. Doude*, 1671, pet. in-12, frontisp. gravé, dem.-rel.

Jolie petite édition elzévirienne. — EXEMPLAIRE NON ROGNÉ.

78. — Traité des odeurs, par Dejean. *Paris*, 1764, in-12, mar. vert du Lev. à nerfs, dos orné, triple fil., milieu orné, dent. int., mors en mar., tr. dor. *(Châtelin)*.

79. — Histoire des connaissances chimiques, par Chevreul (tome Ier). *Paris*, 1866, in-8, br.

80. — Traité de chimie technique, appliquée aux arts et à l'industrie, à la pharmacie et à l'agriculture, par Barruel. *Paris*, 1872, 7 vol. in-8, fig., br.

81. — R. Descartes tractatus de homine, et de formatione fœtus, quorum prior notis L. De La Forge illustratur. *Amst., ap. D. Elzevirium*, 1677, pet. in-4, fig., v. gr.

82. — Nouv. recueil des plus beaux secrets de médecine, par L'Emery. *Paris*, 1737, 2 vol. — Traité des maladies les plus fréquentes, par Helvétius. *Paris*, 1740. — La médecine et la chirurgie des pauvres, par ***. *Paris*, 1758, 1 vol. — Ens. 5 vol. in-12, mar. n., dos orné, fil., dent. int., mors en mar., tr. marbr. *(Châtelin)*.

83. — Observations physico-médic. sur les vers qui se forment dans les intestins, où l'on traite du tœnia, autrement dit le ver solitaire, par Van-Doeveren. *Lyon*, 1764, in-12, mar. v. du Lev. à nerfs, dos, coins et milieu ornés, dent. int., mors en mar., tr. dor. *(Châtelin)*.

84. — Ferments et maladies, par Duclaux. *Paris*, 1882, in-8, 12 pl. et vign., br.

85. — Entretiens sur la pluralité des monde, par De Fontenelle. *Londres (Paris, Cazin)*, 1784, 2 vol. in-18, v. jaspé, fil., tr. dor.

86. — Entretiens sur la pluralité des mondes, par De Fontenelle. *Paris*, 1766, in-12, fig., mar. bl. du Lev., dos orné, fil., milieu orné, dent. int., mors en mar., tr. dor. *(Châtelin)*.

87. — Sciences occultes. 5 ouvr. en 4 vol. in-12, figures, v.

Traité des Talismans ou figures astrales, dans lequel est monstré que leurs effets sont naturelles (par l'abbé Baudelot). *Paris*, 1671. — La poudre de sympathie justifiée (par le même). *Paris*, 1658. — L'apologie du grand œuvre ou élixir des philosophes (par le même). *Paris*, 1659. Ens. 3 ouvr. en 1 vol. — La physique occulte ou traité de la baguette divinatoire (par De Vallemont). *La Haye*, 1762, 2 vol. — Aurum superius et inferius auræ superioris et inferioris hermeticum Chr. Ad. Balduini. *Amst.*, 1675, 1 vol.

88. — La manière d'amollir les os et de faire cuire toutes sortes de viandes en fort peu de temps, avec une description de la machine dont il faut se servir à cet effet, par Papin. *Paris, E. Michallet*, 1682. in-12, v. br.

Edition originale.

89. — Amusements arithmétiques et algébriques de la campagne, par Luya. *Genève*, 1779, 2 vol. in-8. cart.

90. — Théorie de la déformation des surfaces, par E. Bour. *Paris, s. d.*, in-4, fig., br.

91. — Mémoires pour l'attaque et la défense d'une place, par Goulon, augm. de la relation du siège de la ville d'Ath. et des mémoires de M. de Vauban. *La Haye et Paris*, 1730, in-8, fig., br.

III. — BEAUX-ARTS, ARTS DIVERS

92. — Abrégé de la vie des peintres, avec des réflex. sur leurs ouvrages et un traité du peintre parfait,

de la connoissance des desseins, etc., par De Piles. *Paris*, 1715, in-12, front. gr., mar. r. du Lev. à nerfs, dent. int., tr. dor. (*Châtelin*).

93. — L'Ecole d'Uranie ou l'art de la peinture, trad. du latin d'Alph. Dufresnoy et de l'abbé De Marsy, par D. Q. (De Querlon). *Paris*, 1753, in-12, mar. r. du Lev. à nerfs, dent. int., mors en mar., tr. dor. (*Châtelin*).

94. — Le peintre amateur et curieux ou description gén. des tableaux des plus habiles maitres qui font l'ornement des églises, couvents, abbayes et cabinets particuliers dans l'étendue des Pays-Bas-Autrichiens, par G. P. Mensaert. *Bruxelles*, 1763, 2 tom. en 1 vol. pet. in-8, front. gr., mar. r. du Lev. à nerfs, dent. int., mors en mar., tr. dor. (*Châtelin*).

95. — Jacq. Callot. 1606 à 1637, par Mad. E. Voiart. *Paris*, 1841. 2 tom. en 1 vol. in-8, portr., dem.-rel. v. ant. — Ingres, par Ol. Merson. *Paris (vers* 1860), in-18, portr., dem.-rel. chagr. — Ens. 2 vol.

96. — Géricault, étude biograph. et crit., avec le catalogue raisonné de l'œuvre du maitre, par Ch. Clément. *Paris*, 1868, in-8, br.

97. — Bibliothèque de l'enseignement des beaux-arts. *Paris*, 1881-1883, 5 vol. in-8, nombr. figures, rel. en toile.

Anatomie artistique. — Archéologie grecque. — Art bizantin. — Peinture flamande. — Mythologie figurée.

98. — Recueil factice de vignettes, lettres ornées, fleurons, titres imprimés, etc., extraits d'ouvrages pour la plupart du XVIIe siècle, montées sur bristol, en 5 albums in-4, dem.-rel. toile.

L'un des albums ci-dessus est composé de quelques pièces imprimées, dites « Mazarinades, » remontées de format gr. in-4, dont voici le détail : La France sans espoir. (*Paris*), 1649. — Le ministre d'Estat flambé. *Paris*, 1649. — Lettre du vray soldat au cavalier Georges. *Paris*, 1649. — La France irritée contre ses tyrans. *Paris*, 1649.

99. — Tachéographie ou l'art d'écrire aussi vite qu'on parle, par le S. Ch. A. Ramsay, trad. du la-

tin par A. D. G. *Suiv. la copie impr. à Paris*, 1683, pet. in-12, v.

100. — Dictionnaire des professions ou guide pour le choix d'un état, par E. Charton, publ. par P. Laffite et J. Charton. *Paris*, 1880, gr. in-8, br.

101. — Etudes sur le régime des manufactures, par L. Reybaud. (Conditions des ouvriers en soie). *Paris*, 1859, 1 vol. — Le coton, son régime, ses problèmes, son influence en Europe, par le même. *Paris*, 1863, 1 vol. — La laine, par le même. *Paris*, 1867, 1 vol. — Le fer et la houille, suivis du canon Krupp et du familistère de Guise, par le même. *Paris*, 1874, 1 vol. — Ens. 4 vol. in-8, br.

102. — La France industrielle ou description des industries françaises, par P. Poiré. *Paris*, 1873, gr. in-8, avec 432 vign., br.

103. — Académie universelle des jeux. *Amsterd.*, 1756, in-12, mar. bl. du Lev. à nerfs, dent. int., mors en mar., tr. dor. *(Châtelin)*.

BELLES-LETTRES

I. — LINGUISTIQUE, POÉSIE.

104. — Laur. Vallæ Elegantiarum latinæ linguæ libri VI, à J. Rœnerio emendati. *Lugd., ap. S. Gryphium*, 1556, pet. in-8, mar. bl. du Lev., dos, coins et milieu ornés, doublé de mar. r., dent. int., mors en mar., tr. dor. *(Châtelin)*.

105. — Traicté de la conformité du langage françois avec le grec, avec une préface remonstrant quelque partie du désordre et abus qui se commet aujourd'hui en l'usage de la langue françoise, par H. Estienne. *Paris, Rob. Estienne*, 1569, pet. in-8, rel. pleine en mar. bl. du Lev. à nerfs, dent. int., tr. dor. *(David)*.

106. — Traité des langues, et en particulier de la langue française, par Frain du Tremblay, de l'Acad. roy. d'Angers. *Amsterd.*, 1709, in-12, front. gr., mar. n. du Lev., dent. int., mors en mar., tr. dor. *(Châtelin)*.

107. — Traité du poème épique, par le P. Le Bossu. *Paris*, 1693, in-12, front. gr., mar. n. du Lev. à nerfs, ornem. en mosaïque de mar. r. au milieu, dent. int., mors en mar., tr. dor. *(Châtelin)*.

108. — Les œuvres d'Anacréon et de Sapho, cont. leurs poésies et les galanteries de l'anc. Grèce, trad. de grec en vers franç. par De Longepierre. *Paris*, 1692, in-12, mar. or. du Lev., à nerfs, dos orné, fil., comp., dent. int., mors en mar., tr. dor. *(Châtelin)*.

109. — Q. Horatii Flacci opera. *Paris., è typogr. Regia*, 1733 pet. in-12, mar. r., fil., tr. dor. *(Reliure ancienne)*.

110. — Les Métamorphoses d'Ovide, augm. du Jugement de Paris et de la Métamorphose des abeilles. *Amsterdam*, 1693, 3 vol. in-12, front. gr., figures, mar. Lavall. du Lev. à nerfs, dent. int., mors en mar., tr. dor. *(Châtelin)*.

111. — La Pharsale du Lucain ou les guerres civiles de César et de Pompée, en vers françois, par De Brébeuf. *Rouen et Paris*, 1657, in-12, front. gr., figures, mar. bl. du Lev. à nerfs, dent. int., mors en mar., tr. dor. *(Châtelin)*.

112. — Poètes latins publiés par Barbou. 5 ouvr. en 8 vol. in-12, front., vigures et vignettes par *Eisen*, *Gravelot*, etc., gr. par Duflos, v. marbr., fil., tr. dor.

P. Virgilii Maronis opera. *Paris.*, 1767, 2 vol. — P. Ovidii Nas. opera. *Paris.*, 1762, 3 vol. — Lucani Pharsalia. *Paris.*, 1767, 1 vol. — Q. Horatii carmina. *Paris.*, 1775, 1 vol. — Etc.

113. — Juvenalis una cum Persio, recogniti. *Argen-*

torati, Joh. Cnoblochus excudebat, anno 1527. Pet. in-8, vél. blanc, fil.

Edition rare. — Bel exemplaire.

114. — M. A. Lucani Pharsalia, cum commentario F. Burmanni. *Leidæ,* 1740, in-4, vél. de Holl., dos et coins ornés, attaches en soie. (*Armoiries*).

115. — Les Marguerites de la Marguerite des Princesses, publ. avec notes et glossaire, par F. Frank. *Paris (impr. Jouaust),* 1873, 3 vol. in-8, portr., figures, rel. pleine en mar. v. du Lev. à nerfs, dos orné, fil., dent. int., tr. dor.

Exemplaire en GRAND PAPIER DE HOLLANDE.

116. — Contes et nouvelles en vers, par De La Fontaine, avec un dictionnaire des mots vieux. *Paris et Iene,* 1768, 2 tom. en 1 vol. in-12. portr. d'après Rigault gr. par Schmidt, rel. pleine en mar. r. du Lev. à nerfs, dos orné, fil., dent. int., tr. dor. (*Hardy*).

117. — Contes et nouvelles en vers, par J. de La Fontaine. (*Paris*), 1777, 2 vol. in-8, front. gr., portr. gr. par Macret, d'après Rigaud, figures et vignettes d'après Eisen, mar. v., dos orné, fil., tr. dor. (*Reliure ancienne*).

Copie de l'édition des Fermiers Généraux.

118. — Œuvres de La Fontaine. (Contes). *Paris, Lequien,* 1824, in-8, figures de Desenne gr. par Leroux, et entourées d'une bordure tirée en coul., v. viol., fil., comp. à fr.

119. — Œuvres diverses du Sr D* (Despréaux), avec le traité du sublime ou du merveilleux dans le discours, trad. du grec de Longin. *Paris, L. Billaine,* 1675, 2 part. en un vol. in-12, front. gravé et fig., rel. pleine en mar. rouge du Levant, janséniste, à nerfs, dent. intér., tr. dorée. (*Hardy-Mennil*).

Edition recherchée : la première sous le titre d'*Œuvres*, en petit format.

120. — Œuvres diverses du S. D. (Boileau-Despréaux), avec le traité du sublime, trad. du grec de Longin. *Amst., A. Schelte* (*au Quœrendo*). 1697, 2 tom. en 1 vol. in-12, front. gr., fig., mar. r. du Lev. à nerfs, dent. int., mors en mar., tr. dor. (*Châtelin*).

121. — Œuvres diverses du S. Boileau-Despréaux, avec le traité du sublime, trad. du grec de Longin. *Amst., H. Schelte*, 1702, 2 tom. en 1 vol., front. gr., mar. amar. du Lev. à nerf, dent. int.. mors en mar., tr. dor. (*Châtelin*).

122. — Œuvres de N. Boileau-Despréaux. *Amsterd., F. Changuion*, 1729, 2 vol. in-fol., front. gr., figures entourées de bordures et culs-de-lampe par Bern. Picart, rel. pleine en mar. r. du Lev. à nerfs, fil. à fr., dent. int., tête dor., ébarbé.

123. — Œuvres de Boileau-Despréaux. *Londres* (*Paris, Cazin*), 1780, 2 vol. in-18, portr., mar. r. du Lev. à nerfs, dos et coins ornés, dent. int., tr. r. (*Châtelin*).

124. — Œuvres meslées de Chevreau. *La Haye, A. Moetjens*, 1697, 2 part. en 1 vol. in-12, portr. d'après Petitot, gr. par Gunst, mar. bl. du Lev. à nerfs, dos orné, fil., dent. int., mors en mar., tr. dor. (*Châtelin*).

125. — Recueil de poésies diverses (par le P. Du Cerceau). *Paris*, 1733, in-12, front. gr., mar. r. du Lev. à nerfs, dent. int., mors en mar., tr. dor. (*Châtelin*).

126. — Recueil dit de Maurepas, pièces libres, chansons épigrammes et autres vers satiriques sur divers personnages des siècles de Louis XIV et de Louis XV. *Leyde*, 1865, 6 vol. pet. in-12, pap. de Holl., dem.-rel. toile, non rog.

Tiré à 116 exemplaires et devenu rare.

127. — La Henriade (par Voltaire). *Paris*, 1761, 2 tom. en 1 vol. pet. in-12, titre gr., mar. or. du

Lev. à nerfs, dos orné, fil., comp., doublé de mar. v., ornem. int., mors en mar., tr. dor. (*Châtelin*).

128. — La Pucelle d'Orléans, poème, par Voltaire. *Paris (impr. de Crapelet), an VII*, 2 vol. in-8, portr. gr. par Gaucher, figures par Marillier et Monsiau, gr. par D'Elvaux, etc., v. rac., dos orné, fil.

129. — Œuvres de Gresset, augm. par l'auteur. *Londres (Paris)*, 1765, 2 vol. in-12, mar. Lavall. du Lev. à n., dent. int., mors en mar., tr. dor. (*Châtelin*).

130. — La Dunciade, poème, suiv. des Philosophes et de l'Homme dangereux, comédies (par Palissot). *Londres*, 1766, in-12, mar. or. du Lev. à nerfs, dos et coins ornés, dent. int, mors en mar., tr. dor. (*Châtelin*).

131. — Chefs-d'œuvres de Colardeau. *Paris*, 1803, in-18, portr. gr. par Mariage, mar. br. du Lev. à nerfs, doublé de v. v., dent. int., mors en mar., tr. dor. (*Châtelin*).

Exemplaire en PAPIER VÉLIN.

132. — Recueil de contes et de poésies par D** (Dorat), augm. de l'Hermitage de Beauvais. *La Haye et Paris, Delalain*, 1770, in-8, front. gr., *figures, vignettes et culs-de-lampe par Eisen*, gr. par De Longueil, v.

Parmi les contes en vers que renferme ce recueil, on remarque celui des « Cerises, » accompagné d'une figure qui manque quelquefois. — Légère mouillure.

133. — La Guzmanade ou l'établissement de l'Inquisition, poème. *Amsterdam*, 1778, pet. in-8, mar. olive du Lev. à nerfs, dos orné, fil, comp., dent. int., mors en mar., tr. dor. (*Châtelin*).

134. — Organt, poème, par Saint-Just. *Au Vatican*, 1867, 2 vol. gr. in-8, portr. ajouté, dem.-rel., dos et coins de mar. r. du Lev., dos orné, fil., tête dor., non rog.

Réimpression tirée à petit nombre. — Un des exemplaires en GRAND

PAPIER DE HOLLANDE. On y a ajouté un portrait gravé à l'eau-forte en double épreuve sur chine volant, en noir et en bistre.

135. — Œuvres poétiques de A. de Chénier, avec une notice par G. de Chénier. *Paris, Lemerre,* 1874, 3 vol. in-16, portr., dem.-rel., dos et coins de cuir de Russie, tête dor., non rog.

136. — Vie, poésies et pensées de Joseph Delorme (par Sainte-Beuve). *Paris,* 1830, in-8, dem.-rel. v. viol., non rogné.

Deuxième édition. — *Envoi autographe signé* de Ste Beuve sur la garde.

137. — Œuvres compl. de P. J. de Béranger. *Paris, Perrotin,* 1851, 2 vol. — Musique des chansons de Béranger. *Paris, Perrotin,* 1853, 1 vol. — Ens. 3 vol. gr. in-8, front. gr., portr., figures par Granville, Jacque, etc., musique notée, dem.-rel. chagr. r.

138. — La Chute d'un Ange, épisode par A. de Lamartine. *Paris, Gosselin et Coquebert,* 1838, 2 vol. in-8, dem.-rel., dos et coins de mar. r., dos orné, fil., tête dor., non rog.

Première édition.

139. — Chants populaires de la Provence, recueillis et annotés par Damase Arbaud. *Aix,* 1864, 2 vol. in-12, br.

140. — Le rime del Petrarca. *Londra, Pickering,* 1822, in-32, portr. et front. gr., rel. pleine de mar. r. du Lev. à nerfs, dent. int., tr. dor.

141. — Il Goffredo, overo Gerusalemme liberata di T. Tasso. *Venezia,* 1760, 2 vol. pet. in-fol., front. gr., portr., figures, vignettes et culs-de-lampe par Castelli et Novelli, vél.

142. — Aminta di T. Tasso. *Parigi, Lefèvre,* 1819, in-18, fig., mar. r. du Lev., dent. int., mors en mar., tête dor., non rog. (*Châtelin*).

Exemplaire en papier vélin, avec la figure de Desenne *avant la lettre.*

143. — Roland furieux, trad. par A. Mazuy. *Paris*, 1839, 3 vol. in-8, portr. et nombr. fig. sur chine montées, par Meissonnier, Français, etc., dem.-rel , dos et coins de mar amar., non rog.

On a ajouté à cet exemplaire : 1° La suite (complète, mais sans le portrait) des 46 figures d'Eisen, Moreau, de Cochin, etc., tirées de l'édition de Baskerville ; 2° La suite des figures non signés de Collin, remontées à châssis ; plus une suite de figures dans le genre de Ransonnette.

144. — Des principes de la morale et du goût, en deux poëmes, trad. de l'angl. de Pope, par Du Resnel, abbé de Sept-Fontaines. *Paris,* 1745. — La boucle de cheveux enlevée, poëme de Pope, trad. de l'angl. par M. L. D. F. *Paris* (1745), 2 ouvr. en 1 vol. in-12, mar. r. du Lev., dos orné, fil., comp., dent. int., mors en mar., tr. dor. (*Châtelin*).

145. — Les nuits d'Young, trad. de l'angl. par Le Tourneur. *Paris,* 1783, 2 vol. in-12, figures, v. fauve, dos orné, fil., dent. int., tr. dor. (*Châtelin*).

146. — Idylles et poèmes champêtres de Gessner, trad. de l'allem. par Huber. *Lyon,* 1776, in-12, front. gr., mar. r. du Lev., à nerfs, dent. int., mors en mar., tr. dor. (*Châtelin*).

II. — THÉATRE

147. — Les tragédies de Rob. Garnier, conseill. du Roy, lieuten. général crimin. au siège présidial et sénéchaussée du Maine. *Saumur, Thom. Portau,* 1602, in-12, rel. pleine en mar. violet du Levant, à nerfs, fil., dent. intér., tr. dorée. (*Chambolle-Duru*).

Edition rare.

148. — Les Captifs ou les Esclaves, comédie de M. de Rotrou. *Paris, Ant. de Sommaville,* 1640, pet. in-4, vél.

Edition originale. — Exemplaire dans sa première reliure.

149. — Cinna ou la clémence d'Auguste, tragédie (par P. Corneille). *Imprimé à Rouen aux despens de l'autheur et se vendent à Paris chez Touss. Quinet,* 1643, pet. in-4, front. gravé, mar. r., fil. à compart., dent. intér., tr. dor.

ÉDITION ORIGINALE. — Exemplaire Didot. Le frontisp. gravé et quelques feuillets en tête sont un peu courts.

150. — Œuvres de J. Racine, avec des commentaires, par Luneau de Boisjermain. *Paris,* 1768, 6 vol. in-8, portr. d'après Le Brun, gr. par Gaucher, *figures de Gravelot,* gr. par Née, v. marbr., dos orné, fil., tr. dor.

151. — Théâtre de Corneille Blessebois. *Paris (impr. Jouaust),* 1864, pet. in-8, pap. vergé, rel. pleine en mar. r. du Lev. à nerfs, dos orné, fil., dent. int., tr. dor. (*Brany*).

Réimpression tirée à 150 exemplaires. Ce volume renferme les pièces suivantes : Les soupirs de Sifroi. — L'Eugénie, tragédie. — La victoire spirituelle de la glorieuse Sainte Reïne, remportée sur le tiran Olibre, tragédie.

152. — Les œuvres de Regnard. *Impr. à Rouen, et se vend à Paris, veuve de P. Ribou,* 1731, 5 vol. in-12, v. br.

Edition très complète.

153. — Œuvres complètes de Regnard, avec des remarques, par Garnier. *Paris,* 1820, 6 vol. in-8, portr., *figures de Marillier,* gr. par Duponchel, etc., v. rac., fil.

154. — Œuvres de M. de Campistron. *Paris,* 1750, 3 vol. pet. in-12, mar. or. du Lev. à nerfs, dent. int., mors en mar., tr. dor. (*Châtelin*).

155. — Tancrède, tragédie en vers croisés (par Voltaire). *Paris, Prault,* 1761, in-8, portr. d'après De La Tour, figures, mar. olive du Lev. à nerfs, dent. int., mors en mar., tr. dor. (*Châtelin*).

Edition originale.

156. — Les œuvres de M. de Crébillon. *Paris,* 1743, 2 vol. in-12, mar. olive du Lev. à nerfs, dent. int., mors en mar., tr. dor. (*Châtelin*).

157. — La Métromanie, comédie, par Piron. *Paris*. 1756, in-12, mar. bl. du Lev. à nerfs, fil., comp., dent. int., mors en mar., tr. r. (*Châtelin*).

158. — Lucrèce Borgia, drame, par Victor Hugo. *Paris*, 1833, in-8, front. de Célestin Nanteuil, gravé à l'eau-forte et tiré sur chine, dem.-rel. mar. viol.

Première édition.

159. — Théâtre. 3 vol. in-8, in-12, rel.

Etudes sur Molière ou observations sur la vie, les mœurs et les ouvrages de cet auteur, par Cailhava. *Paris*, 1802, in-8, dem.-rel. v. r. — Les Plaideurs, comédie. (Andromaque, tragédie; Alexandre le Grand, tragédie; Britannicus, tragédie), par Racine. *Amst., A. Schelte* (*au Quærendo*), 1698, 4 pièces, avec titres et paginat. séparées, en 1 vol. pet. in-12, front. gr., dem.-rel. mar. br. — Charles IX ou l'école des rois, tragédie, par M. J. de Chénier. *Paris*, 1790. — Emilie de S. Preux, drame, par Marandon. *Bordeaux*, 1785. — Etc. — 3 pièces en 1 vol. in-8, v.

160. — Les ennemis de Racine au XVIIe siècle, par Deltour. *Paris*, 1859, in-8, br.

161. — Histoire anecdot. du théâtre, de la littérature, et de diverses impressions contemporaines, par Ch. Maurice. *Paris*, 1856, 2 vol. in-8, fac-simile d'autogr., dem.-rel , dos et coins de chagr. r., dos orné, fil., tête dor., non rog.

162. — Il Pastor fido, tragi-comedia, del cav. G. B. Guarini. *Londra*, 1778, in-12, portr., front. gr., figures, mar. r. du Lev. à nerfs, dos orné, fil., dent. à petits fers, doublé de cuir de Russie v., mors en mar., tête dor., non rog. (*Châtelin*).

163. — Il Pastor Fido, tragi-comedia pastorale del sig. C. B. Guarini. *Amsterdamo, P. Mortier* (*Elzevier, vers* 1660), in-16, front. gr., figures de Séb. Leclerc, mar. br. du Lev. à nerfs, dent. int., mors en mar., tr. r. (*Châtelin*).

III. — ROMANS ET CONTES.

164. — Collection de Romans grecs, trad. en françois, avec des notes par Courier, Larcher, etc. *Pa-*

ris, Merlin, 1822-41, 9 ouvr. en 13 vol. in-12, figures par Heim, etc., rel. pleine en mar. v. du Lev. à nerfs, dos, coins et milieu ornés, dent. int., tr. dor. (*Smeers*).

Exemplaire en GRAND PAPIER VÉLIN, avec les figures *avant la lettre*. — Amours de Théagènes et Chariclée, 4 vol. — Amours de Chéréas et Calirrhoé, 2 vol. — Habrocome et Anthia. — Aventures d'amour de Parthénius. — Les Pastorales de Longus. — Amours de Rhodante et Dosiclès. — La Luciade. — Aventures de Hysminé et Hysminias. — Aventures de Drusilla et Chariclès.

165. — Longi Pastoralium de Daphnide et Chloe, libri IV, gr. et lat. *Lut. Paris., in gratiam Curiosorum*, 1754, pet. in-4, front. gr., figures du Régent entourées de bordures, par Eisen et gr. par Audran, vignettes et culs-de-lampe par Eisen et Cochin, v. fauve, dos orné, fil., tr. dor.

Exemplaire en très bon état de cette jolie édition, dite : « *des Curieux*. » La figure dite des « *Petits pieds* » s'y trouve.

166. — Les amours pastorales de Daphnis et Chloé, escrites en grec par Longus, et transl. en franç. par J. Amyot. *Londres* (*Paris, Cazin*), 1780, in-16, front. gr., mar. br. du Lev., à nerfs, dos et coins ornés, dent. int., tr. r. (*Châtelin*).

167. — Les œuvres de Fr. Rabelais, cont. cinq livres de la vie de Gargantua, plus la pronostication pantagrueline, ou almanach pour l'an perpétuel, avec l'epistre du Limousin excoriateur, et la cresme philosophale. *Troyes, par Loys, qui ne se meurt point*, 1613, 1 tom. divisé en 2 vol. in-16, rel. pleine en mar. or. du Lev., à nerfs, dos orné, fil., dent. int., tr. dor. (*David*).

168. — Les Œuvres de Fr. Rabelais, augm. de la vie de l'auteur. *Bruxelles* (*à la Sphère*), 1721, 2 vol. in-12, mar. olive du Lev., à nerfs, dent. int., mors en mar., tr. dor. (*Châtelin*).

169. — L'histoire véritable, ou le voyage des princes fortunez, par Beroalde de Verville. *Paris, P. Chevalier*, 1610, pet. in-12, front. gr. par L. Gaultier,

carte, rel. pleine en mar. v. du Lev., à nerfs, dent. int., tr. dor. (*Duru et Chambolle*).

Bel exemplaire.

170. — Ælius Sejanus, histoire romaine, augm. des remarques d'Estat de M. de Villeroy, par P. Matthieu. *Rouen*, 1642, pet. in-12, mar. br. du Lev., à nerfs, dos orné, dent. int., mors en mar., tr. dor. (*Châtelin*).

171. — Le roman comique de Scarron. *Paris*, 1727, 2 vol. in-12, figures, mar. r. du Lev., à nerfs, dos orné, fil., dent. int., mors en mar., dent. int. (*Châtelin*).

172. — Scarron. Le roman comique, avec une préface par P. Bourget. *Paris, libr. des Bibliophiles* (*impr. Jouaust*), 1880, 3 vol. in-8, portr. et figures gr. à l'eau-forte par L. Flameng, rel. pleine en mar. amar. du Lev., à nerfs, dent. int., tr. dor. (*Marius-Michel*).

Bel exemplaire en GRAND PAPIER DE HOLLANDE, avec la suite des figures de L. Flameng en double épreuve sur Japon, avant la lettre, et sur Hollande avec la lettre. De plus on y a ajouté : I. La suite complète, sauf le portrait, des 15 figures de Le Barbier, gravées par Bacquoy, avec lettres, etc., plus 3 figures du même, gravées par Delvaux, *avant la lettre ;* II. La suite des figures de Pille, gravées par Monziès, *avant la lettre*, sur chine volant ; III. 3 portraits de Scarron, gravés par Folkema, Chapuy et Desenne, 1 frontispice par Dubourg, gravé par Folkema, 1 figure par Paett, gravée par Folkema ; la même figure, *avant la lettre*, gravée par Chapuy. Parmi ces 6 dernières pièces, quelques-unes sont très habilement remontées.

173. — Zayde, histoire espagnole, par De Segrais (par Mad. de La Fayette), avec un traité de l'origine des romans, par Huet. *Amsterdam*, 1715, 2 tom. en 1 vol. pet. in-12, front. gr., mar. or. du Lev., à nerfs, dent. int., mors en mar., tr. dor. (*Châtelin*).

174. — La princesse de Clèves (par Mad. de La Fayette). *Paris*, 1764, in-12, mar. or. du Lev., à nerfs, dent. int., mors en mar., tr. dor. (*Châtelin*.)

175. — Les amours de Psyché et de Cupidon, par De La Fontaine. *La Haye, A. Moetjens*. 1700, in-12,

front. gr., mar. amar. du Lev.; à nerfs, fil., dent. int., mors en mar., tr. dor. (*Châtelin.*)

176. — La France galante, ou histoire amoureuse de la Cour. *Cologne. P. Marteau* (*à la Sphère*), 1688, pet. in-12, rel. pleine en mar. r. du Lev., à nerfs, dos orné, fil., dent. int., tr. dor.

Recueil composé des pièces suivantes, dues à Bussy-Rabutin, Sandras de Courtilz, etc. : 1° La France galante ; 2° Les vieilles amoureuses ; 3° Histoire de la maréchale de La Ferté ; 4° La France devenue italienne.

177. — Les avantures de Télémaque, fils d'Ulysse, par F. de La Motte Fénelon, augm. et corrigé sur le Ms. original de l'auteur. *Rotterdam*, 1725, in-12, portr., figures, carte, mar. amar., à nerfs, dos et coins ornés, dent. int., mors en mar., tr. dor. (*Châtelin*).

178. — Aventures et lettres galantes, avec la promenade des Tuileries (par L. C. D. M. (le chev. de Mailly). *Paris*, 1697, in-12, dem.-rel., dos et coins de mar. viol. du Lev., dos orné, fil., tr. dor. (*Petit-Simier*).

179. — Histoire amoureuse et badine du Congrès et de la ville d'Utrecht en plus. lettres écrites par le domestique d'un des plénipotentiaires à un de ses amis (attrib. à Deslandes). *Liège, chez Jacob le Doux* (*vers* 1713), pet. in-12, front. gr., rel. pleine en mar. r. du Lev., à nerfs, dos orné, fil., dent. int., tr. dor. (*Behrends*).

180. — Histoire des Sévarambes, peuples qui habitent une partie du IIIe continent, appelé la Terre Australe (par D. Vairasse, d'Alais). *Amsterdam* (*vers* 1700), 2 tom. en 1 vol. in-12, front. gr., mar. Lavall. du Lev., dos et coins ornés, dent. int., mors en mor., tr. dor. (*Châtelin*).

Voyage imaginaire.

181. — Le Diable boiteux, par Le Sage, avec les entretiens sérieux et comiques des cheminées de Ma-

drid et des Béquilles du Diable. *Londres,* 1759, 2 tom. en 1 vol. pet. in-12, front. gr., figures, mar. br. du Lev., à nerfs, doublé de v. bl., dent. int., mors en mar., tr. dor. (*Châtelin*).

182. — Histoire de Gil-Blas de Santillane, par Lesage. *Paris, impr. de Chaigneau aîné.* An IV, 4 vol. in-18 tirés in-8, portr. gr. par Lingée, nombr. fig. par Monnet, grav. par Dambrun, etc., dem.-rel., mar. bl. du Lev., dos orné, titre dor., non rog.

Bel exemplaire en GRAND PAPIER VÉLIN avec les figures *avant la lettre.*

183. — Les aventures plaisantes de Gusman d'Alfarache (par Le Sage). *Londres* (*Paris, Cazin*), 1783, 2 vol. in-18, front. gr., mar. bl. du Lev., à nerfs, dent. int , mors en mar., tr. dor. (*Châtelin*).

184. — Le Théâtre des passions et de la fortune, avec les avantures surprenantes de Rosamidor et de Théoglaphire, histoire australe (par de Castera). *Paris,* 1731, in-12, mar. or. du Lev., à nerfs, dent. int., mors en mar., tr. dor. (*Châtelin*).

185. — Le Temple de Gnide (par Montesquieu). *Londres* (*Paris,* vers 1740), pet. in-8, front. et titre gr., figures à mi-page, dem.-rel., dos et coins de mar. v. du Lev., fil., tête dor., ébarbé.

186. — Romans, etc. 6 vol. de divers formats, rel.

Les confessions du comte de *** (par Duclos). *Amst.,* 1741, in-12, v. Belisaire, par Marmontel. *Paris,* 1767. — Censure de la Faculté de théologie de Paris, contre le livre : Bélisaire. *Paris,* 1767, 2 ouvr. en 1 vol. in-8, remonté in-4, v. — Les égarements du cœur et de l'esprit, ou mémoires de M. de Meilcour. *Paris,* 1765, in-12, v. — Aventures de Lazarille de Tormes, écrites par lui-même. *Paris,* 1817, 2 vol. in-18, fig., dem.-rel., etc.

187. — La jeune Amériquaine et les contes marins, par Mad. de *** (Mad. G.-S. de Villeneuve). *La Haye* (*Paris*), 1740, in-12, mar. v. du Lev., à nerfs, dos orné, fil., comp., dent. int., mors en mar., tr. dor. (*Châtelin*).

188. — Le paysan parvenu, ou les mémoires de M***,

par De Marivaux. *La Haye*, 1772, 2 tom. en 1 vol. in-12, mar. olive du Lev., à nerfs, dos orné, ornem. en mosaïque de mar. v. au milieu, dent. int., mors en mar., tr. dor. (*Châtelin*).

189. — Histoires nouvelles et mémoires ramassés (par le comte de Caylus). *Londres* (*Paris*), 1745, in-12, rel. pleine en mar. r. du Lev., à nerfs, dent. int., tr. dor. (*Hardy*).

Première édition.

190. — L'espion de Thamas Koulikan dans les cours de l'Europe, ou lettres et mémoires de Pagi-Nassir-Bek, cont. diverses anecdotes polit. pour servir à l'histoire du tems présent, trad. du persan, par l'abbé de Rochebrune. *Cologne*. 1746, in-12, front. par De Briey, par Tanjé, mar. br. du Lev., à nerfs, dos et coins ornés, dent. int., mors en mar., tr. dor. (*Châtelin*).

191. — Mourat et Turquia, histoire africaine, par Mlle de L*** (Mlle de Lubert). *Londres* (*Paris*), 1756, in-12, vign. d'Eisen sur le titre, dem.-rel., dos et coins de cuir de Russie, tête dor., non rog. (*Châtelin*).

192. — Candide ou l'Optimisme, trad. de l'allem. de M. le doct. Ralph (composé par Voltaire). *S. l.*, 1759, pet. in-8 de 299 pag. chiffr., mar. olive du Lev., à nerfs, doublé de mar. r., dent. int., mors en mar., tr. dor. (*Châtelin*).

Edition en gros caractères.

193. — Bélisaire, par Marmontel. *Maestricht*, 1782, in-12, figures de Gravelot, gr. par Le Vasseur, etc., mar. v. du Lev., à nerfs, dos orné, fil., dent. int., mors en mar., tr. dor. (*Châtelin*).

194. — Le colporteur, histoire morale et crit., par De Chevrier. *Londres, l'an de la vérité* (vers 1760), in-12, mar. v. du Lev., à nerfs, dos et milieu ornés, dent. int., tr. dor. (*Châtelin*).

195. — Lettres de deux amans, habitans d'une petite ville au pied des Alpes, rec. et publ. par J.-J. Rousseau. *Amsterd., M. M. Rey,* 1775, 6 tom. en 3 vol. in-12, front. gr., figures, mar. v. du Lev., dos et coins ornés, dent. int., mors en mar., tr. dor. (*Châtelin*).

196. — Le voyageur philosophe dans un pais inconnu aux habitans de la terre, par De Listonai. *Amsterdam,* 1761, 2 vol. in-12, mar. Lavall. du Lev., à nerfs, dos et coins ornés, dent. int., mors en mar., tr. dor. (*Châtelin*).

197. — Corps d'extraits de romans de chevalerie, par le comte de Tressan. *Paris,* 1782, 4 vol. in-12, mar. olive du Lev., à nerfs, dos orné, fil., milieu orné, dent. int., mors en mar., tr. dor. (*Châtelin*).

Le petit Jehan de Saintré. — Gérard de Nevers. — La fleur des batailles. — Huon de Bordeaux. — Tristande Léonois. — Flores et Blanchefleur. — Artus de Bretagne. — Pierre de Provence. — Etc., etc.

198. — Ingénue Saxancour, ou la femme séparée, histoire écrite par elle-même (par Rétif de la Bretonne). *Liège et Paris,* 1789, 3 vol. in-12, cart., non rog.

Un des plus curieux ouvrages de Rétif de la Bretonne.

199. — La famille vertueuse, lettres trad. de l'angl. par (Rétif) de la Bretonne. *Paris,* 1767, 4 vol. in-12, v. marbr.

200. — Le compère Mathieu, ou les bizarrures de l'esprit humain (par l'abbé Dulaurens), *Paris,* an IX, 4 tom. en 2 vol. in-18, mar. or. du Lev., à nerfs, dent. int., mors en mar., tr. dor. (*Châtelin*).

201. — Confession générale du chev. de Wilfort (par Hubert d'Orléans). *Leipsik,* 1774. — Le portefeuille de Mad. Gourdan, dite la comtesse, pour servir à l'histoire des mœurs du siècle et princip. de celles de Paris (attribué à C. Théveneau de Morande). *Spa,* 1783. Ens. 2 ouvr. en 1 vol. in-12, dem.-rel. (*Mouillure*).

202. — Contes moraux, par Marmontel. (*Paris*), 1787, 3 vol. in-12, portr. gr. par Gaucher, figures, mar. olive du Lev., dos orné, fil., dent. int., mors en mar., tr. dor. (*Châtelin*).

203. — Contes fantastiques de E. T. A. Hoffmann, trad. par H. Egmont. *Paris*, *Camuzeaux*, 1836-40, 4 tom. en 2 vol. in-8, figures de C. Rogier, gr. par Ferdinand, dem.-rel., chagr. n.

204. — L'Excommunié, roman posthume, entièrement inédit, par Horace de St-Aubin (H. de Balzac). *Paris*, *H. Souverain*, 1837, 2 vol. in-8, br.

205. — La peau de chagrin, par H. de Balzac. *Paris*, *Houdaille*, s. d. (vers 1838), gr. in-8, fig. de Gavarni, Jamet, Lange, Français, Marckl, etc., demi-rel., mar. grenat, tête dor., non rog.

206. — La Peau de chagrin, par Balzac. — Suite de 76 vignettes de Gavarni, Jamet, Lange, Français, Marckl, etc., tirées à part sur papier vélin, de l'édition Delloye et Lecouy. *Paris*, 1838, gr. in-8 en feuilles.

207. — Les contes drolatiques, colligez ez abbayes de Touraine, et mis en lumière par le S. de Balzac. *Paris*, *s. d.*, in-8, front. gr., figures de G. Doré, demi-rel., dos et coins de mar. v., dos orné, fil., tête dor., non rog.

208. — La double méprise, par l'auteur du théâtre de Clara Gazul (Prosper Mérimée). *Paris*, 1833, in-8, mar. violet, fil. (*Aux chiffres du prince Paul Demidoff*).

Première édition. — Exemplaire très grand de marges. — Cachet de la bibliothèque de San-Donato, résidence du prince, au bas du faux-titre.

209. — Voyage et aventures de Lord W. Carisdall en Icarie, trad. de l'angl. de F. Adams, par T. Dufruit. *Paris*, 1840, 2 vol. in-8, portr., dem.-rel. bas.

210. — Romans. 14 vol. in-12, br.

Le Sopha, par Crébillon fils. *Brux.*, 1881. — Numa Roumestan, par A. Daudet. 1881. — Contes du lundi, par A. Daudet. 1879. — Miss

Rovel, par V. Cherbuliez. *Paris*, 1875. — Sam. Brohl et Cie, par V. Cherbuliez. *Paris*, 1877. — Fantaisies, par Eug. Mouton (Mérinos). 1883. — Contes fantastiques, par Hoffmann, trad. par Marmier. *Paris*, 1880. – L'admirable Don Quichotte de la Manche, par Mich. Cervantès, trad. par Damas Hinard. *Paris*, 1869, 2 vol. — Les nuits de Rome, par J. de Saint-Félix. 1864. — Améline Du Bourg, par A. Franklin. *Paris*, 1875. — L'héritier de Kerguignon, par Mlle Z. Fleuriot. *Paris*, 1883. — Tout simplement, par Mme de Witt. *Paris*, 1882. — Le colonel Ramollot, par Ch. Leroy. *Paris*, 1883, fig.

211. — Voyage de Nic. Klimius dans le monde souterrain, cont. une théorie de la terre, tiré de la bibliothèque de B. Abelin, et trad. du latin par De Mauvillon. *Copenhague*, 1741, in-12, figures, mar. br. du Lev., à nerfs, dent. int., mors en mar., tr. dor. (*Châtelin*).

Voyage imaginaire sous forme de roman.

212. — Histoire de Don Quichotte de la Manche, trad. de l'espagn. de Mich. de Cervantès (par Filleau de S. Martin). *Paris*, 1722, 6 vol. in-12, front. gr., figures, v. olive, à nerfs, dent. int., mors en mar., tr. dor. (*Châtelin*).

213. — Les quatre voyages du capit. L. Gulliver, trad. de l'abbé Desfontaines, revue par H. Reynald. *Paris, libr. des bibliophiles* (*impr. Jouaust*), 1875, 2 vol. in-12, portr. et figures gr. à l'eau-forte par Lalauze, rel. pleine en mar. v. du Lev., à nerfs, dos orné, fil., dent. int., tr. dor. (*Marius-Michel*).

Exemplaire en GRAND PAPIER DE HOLLANDE, auquel on a ajouté la suite des figures de Lefebvre, gravées par Masquelier, en *double épreuve*, dont une avec la légende en anglais et l'autre avec la légende en français, numérotées avec soin.

214. — Mémoires du comte de Grammont, par le C. Ant. Hamilton. *Londres* (*Paris, Cazin*), 1781, 2 vol. in-16, portr., mar. v. du Lev., à nerfs, dos et coins ornés, dent. int., mors en mar., tr. r. (*Châtelin*).

215. — Histoire de Martinus Scriblerus, trad. de l'angl. de Pope. *Londres*, 1755, in-12, mar. viol., dos orné, fil., dent. int., tr. marbr. (*Châtelin*).

IV. — FACÉTIES, DISSERTATIONS SINGULIÈRES, ÉPISTOLAIRES, FABULISTES, POLYGRAPHES, MÉLANGES.

216. — Les bigarrures et touches du seigneur des Accords, avec les Apophtegmes du sieur Gaulard. et les Escraignes dijonnoises. *Rouen*, 1625, 5 part. en 1 vol. in-12, figures et portr. gr. sur bois, rel. pleine en mar. rouge du Lev., à nerfs, dent. int., tr. dor. (*Chambolle-Duru*).

217. — Le moyen de parvenir, édit. corrigée de div. fautes qui n'y étoient point et augmentée de plusieurs autres. *A Chinon, de l'imprimerie de François Rabelais, rue du grand Bracquemart, à la pierre philosophale, l'année Pantagrueline. S. d.*, in-12, rel. pleine en mar. rouge, fil., dent. int., tr. dor. (*Hardy*).

Edition recherchée. — Bel exemplaire.

218. — Le grand Mistère, ou l'art de méditer sur la garderobe, par le doct. Swift. — Pensées hazardées sur les études, la grammaire, la réthorique et la poétique, par G.-L. Le Sage. *La Haye*, 1729, 2 ouvr. en 1 vol. in-12, demi-rel., v. ant., fil. — Les trois justaucorps, conte bleu, tiré de l'angl. de J. Swift, etc. *Dublin*, 1721, in-12, v. gr. — Ens. 2 vol.

219. — Le Pornographe, ou idées d'un honnête homme sur un projet de réglement pour les prostituées (par Rétif de la Bretonne). *Londres et La Haye*, 1770, 1 vol. — Le Mimographe, ou idées d'une honnête femme pour la réforme du théâtre national (par le même). *Amst. et La Haie*, 1770, 1 vol. — Ens. 2 vol. in-8, v. marbr.

220. — Dissertation étymolog., hist. et crit. sur les diverses origines du mot cocu, avec des notes par un membre de l'Acad. de Blois. *Blois*, 1835, pet.

in-8, fig., demi-rel., dos et coins de cuir de Russie, tête dor., non rog. (*Châtelin*).

Cet ouvrage, attribué à L. Petit de la Saussaye, est plutôt par de Pétigny, de Blois.

221. — Essai sur le caractère, les mœurs et l'esprit des femmes dans les meill. siècles, par Thomas. *Paris*, 1772, in-12, front. par Le Prince, mar. olive du Lev., à nerfs, dent. int., mors en mar., tr. dor. (*Châtelin*).

222. — Lettres et épîtres amoureuses d'Héloïse et d'Abeilard, trad. par de Bussy-Rabutin, Colardeau, Pope, etc. *Au Paraclet* (vers 1780), pet. in-8. front. et figures ajoutées, cuir de Russie, v., dos orné, fil., comp., dent. int., tête dor., non rog. (*Châtelin*).

223. — Lettres et épîtres amoureuses d'Héloïse et d'Abeilard. *Au Paraclet et à Paris*, 1781, 2 vol. pet. in-12, portr., mar. olive du Lev., à nerfs, doublé de mar. or., dent. int., mors en mar., tr. dor. (*Châtelin*).

224. — Le Secrétaire à la mode, ou méthode facile d'écrire diverses lettres de compliments, amoureuses et morales, par le S. de La Serre. *Delft*, 1652, in-24, front. gr., rel. pleine en mar. r. du Lev., à nerfs, dos orné, fil., dent. int., tr. dor. (*Chambolle-Duru*).

Jolie et rare petite édition Elzévirienne.

225. — Lettres et autres œuvres de M. de Voltaire, augm. de la suite et de la conclusion de l'histoire d'Alcidalis et de Zélide. *Amst., André de Hoogenhuysen* (*à la Sphère*), 1697, in-12, front. gr., portr. mar. or. du Lev., à nerfs, dos et coins ornés, dent. int., mors en mar., tr. dor. (*Châtelin*).

Bel exemplaire de cette jolie édition. — Hauteur des marges : 158 mill.

226. — Lettres persanes (par Montesquieu). *Amsterd., P. Brunel*, 1721, 2 tom. en 1 vol., 1 ff. pour le titre, 311 pag. ch. pour le tome I ; 1 f. bl., 1 f. pour le titre et 347 pag. pour le tome II, v. (*Cachet sur le titre*).

Une des éditions qui se disputent la priorité.

227. — Lettres de la marquise de M*** au comte de R*** (par Crébillon fils). (*Paris*, 1739, 2 tom. en 1 vol. pet. in-12, mar. br. du Lev., à nerfs, dos et coins ornés, dent. int., mors en mar., tr. dor. (*Châtelin*).

228. — J.-J. Rousseau à Christophe de Beaumont, archevêque de Paris, avec sa lettre au Conseil de Genève. *Amst., M. M. Rey*, 1763, in-12, mar. r. du Lev., à nerfs, dos et coins ornés, dent. int., mors en mar., tr. dor. (*Châtelin*).

229. — Lettres du marq. de Roselle par Madame *** (Elie de Beaumont). *Amsterd.*, 1764, in-12, mar. Lavall., à nerfs, dos et coins ornés, dent. int., mors en mar., tr. dor. (*Châtelin*).

230. — Correspondance secrette entre Ninon de Lenclos et le marq. de Villarceaux, publ. par Ségur le jeune. *Paris*, 1797, 2 tom. en 1 vol. in-18, portr., mar. br. du Lev., à nerfs, dos et coins ornés, dent. int., tr. dor. (*Châtelin*).

231. — Correspondance entre le comte de Mirabeau et le comte de La Marck, pend. les années 1789, 1790 et 1791, mise en ordre par de Bacourt. *Paris*, 1851, 3 vol. in-8, br.

232. — Lettres à Sophie (par Mirabeau). *Paris*, 1828, 6 vol. in-18, demi-rel., mar. bl., tête dor., non rognés.

233. — Lettres à Emilie sur la Mythologie, par C.-A. Demoustier. *Paris*, *Renouard*, 1809, 6 vol. in-8, portr., *figures de Moreau le jeune*, grav. par Delvaux, etc., demi-rel., dos et coins de mar. v. du Lev., dos orné, tête dor., non rog.

234. — Correspondance inéd. de Victor Jacquemont avec sa famille et ses amis, 1824-1832, avec une introd., par Prosper Mérimée. *Paris*, 1867. 2 vol. in-8, br.

235. — Lettres à M. Panizzi, par Pr. Mérimée, 1850-

1870, publ. par L. Fagan. *Paris*, 1881, 2 vol. in-8, 2 portr., br.

236. — Nouveaux dialogues des morts (par Fontenelle). *Amsterd.*, *A. Schelte* (*au Quærendo*), 1694, pet. in-12, mar. olive du Lev. à nerfs, dent. int., mors en mar., tr. r. (*Châtelin*).

237. — Dialogues critiques et philosophiques, par l'abbé de Charte-Livry. *Londres*, 1735, in-12, mar. bl. du Lev., dos et milieu ornés, fil., dent. int., mors en mar., tr. dor. (*Châtelin*).

238. — Nouv. recueil des fables d'Esope, mises en françois, augm. des quatrains du Sieur de Benserade. *Paris*, 1731, in-12, front. gr., figures s. bois, mar. r. du Lev. à nerfs, dos orné, fil., dent., compart., tr. dor. (*Châtelin*).

239. — Fables d'Esope représentées en figures. *Paris*, *Tardieu-Denesle* (*vers* 1800). — Fables choisies de G. Faërne. *Paris*, *D'Argent* (1806). 2 ouvr. en 1 vol. — Fables de Florian. *Paris*, *D'Argent*, 1806, 2 tom. en 1 vol. — Ens. 3 ouvr. en 2 vol. in-4, front. gr., portr., nombr. figures dess. et grav. par Simon Auguste, dem.-rel., dos et coins de mar. v., fil., tête dor., non rog.

240. — Les œuvres diverses de Cyrano de Bergerac. *Amsterd.*, 1741, 3 vol. in-12, front. gr., portr., rel. pleine en mar. r. du Lev. à nerfs, dos orné, fil., dent. int., tr. dor. (*Amand*).

241. — Fontenelle. Nouveaux dialogues des morts. *Londres*, 1707. — Histoire des oracles. *Londres*, 1707. — Entretiens sur la pluralité des mondes. *Londres*, 1707. — Lettres galantes du chev. d'Her***. *Amsterdam*, 1716. — Ens. 4 ouvr. en 4 vol. in-12, frontispices gr., mar. oliv. du Lev. à nerfs, dent. int., mors en mar., tr. dor. (*Châtelin*).

242. — Œuvres de Montesquieu, avec éloges, notes, etc., par Destutt de Tracy, Villemain, etc.. *Paris*,

Dalibon, 1827, 8 vol. in-8, portr. par Devéria, dem.-rel. v. v.

243. — Œuvres du comte d'Hamilton, auteur des mémoires du comte de Grammont (cont. le Bélier; l'Histoire de Fleur-d'Epine; les Quatre Facardins). *Utrecht*, 1731, 3 tom. en 1 vol. pet. in-12, mar. or. du Lev., à nerfs, dos orné, coins, dent. int., tr. dor. (*Châtelin*).

244. — Œuvres du comte Ant. Hamilton. *Paris, Renouard*, 1812, 3 vol. in-8, portraits, *figures de Moreau le jeune*, dem.-rel. v. viol.

245. — Œuvres complètes de J.-J. Rousseau, mises en ordre par Musset-Pathay. *Paris, Dupont*, 1823-1826, 25 vol. in-8, portr., dem.-rel. v. vert.

246. — Œuvres de C.-A. Demoustier. *Paris, Renouard*, 1804, 10 tom. en 5 vol. in-18, portr. gr. par Gaucher, figures, mar. viol. du Lev., dos orné, fil., dent. int., tr. dor. (*Châtelin*).

Lettres à Emilie. — Cours de morale. — Théâtre.

247. — Œuvres inédites de Xavier de Maistre, avec une étude par E. Réaume. *Paris, Lemerre*, 1877, 3 vol. in-16, dem.-rel., dos et coins de mar. br., fil., tête dor., non rog.

248. — Œuvres complètes de L. Sterne, trad. de l'angl. par une Soc. de gens de lettres. *Paris*, 1818, 4 vol. in-8, portr. et figures par Misbach, v. rac., fil.

249. — Le Babillard ou le nouvelliste philosophe, trad. de l'angl. par A. D. L. C. (A. de La Chapelle). *Amsterd.*, 1724, in-12, mar. olive du Lev., à nerfs, dos et coins ornés, dent. int., mors en mar., tr. dor. (*Châtelin*).

Sur les toiles et les jupes des dames. — Caffé des lettrez. — Enseignes des maisons. — Marionnettes. — Porcelaine, amas qu'on en fait dans les maisons. — Etc.

250. — Ouvrages divers format Charpentier. 17 vol. in-12, fig., br.

Les droits du Seigneur sous la féodalité, par Ch. Fellens. 1882, 2 vol.

— La grande Chartreuse, par un Chartreux. GRENOBLE, 1881. — Mad. de Montmorency, par le comte de Baillon. *Paris*, 1880. — Chateaubriand, par Ch. Benoist. *Paris*, 1865. — Lettres de la baronne de Gerando, publ. par le baron de Gerando. *Paris*, 1881. — Les belles amies de M. de Talleyrand, par Mary Summer. *Paris*, 1880. — L'Ecole française de peinture, par G. Berger. *Paris*, 1879. — Souvenirs de voyages et d'études, par S. Marc-Girardin. *Paris*, *s. d.*, 2 vol. — Nos ancêtres, par Gérard de Rialle. *Paris*, 1883. — Les aïeux de Figaro, par Marc Monnier. *Paris*, 1868. — Les maîtres de la pensée moderne, par P. Janet. *Paris*, 1883. — Le Darwinisme, par Rossi. *Paris*, 1870. — La liberté spirituelle, par Channing. *Paris*, 1866. — L'Angleterre et le peuple anglais, par J. Laroque. *Paris*, 1882. — Histoire d'Hérodote, trad. par Giguet. *Paris*, 1875.

251. — Mélanges. — Ouvrages divers, format Charpentier. 13 vol. in-12, rel.

Etudes sur les beaux-arts, par Vitet. *Paris*, 1846, 2 vol. in-12, dem.-rel. mar. br., tête dor., non rog. — Colomba, suivi de la Mosaïque et autres contes et nouvelles, par Pr. Mérimée. *Paris*, 1852, in-12, dem.-rel., dos et coins de v. v., non rog. — Mlle de Maupin, par Th. Gautier. *Paris*, 1874, in-12, dem.-rel., dos et coins de mar. v., fil., tête dor., non rog. — Correspondance de V. Jacquemont, pend. son voyage dans l'Inde. *Paris*, 1841, 2 vol. — Histoire des variations des Eglises Protestantes, par Bossuet. *Paris*, 1844, 3 vol. — Le régent Mustel, par Alex. Dumas fils. *Paris*, 1875. — Promenades dans Rome, par De Stendhal. *Paris*, 1853, 2 vol. — Les comédies de Térence, avec la trad. par A. Magin. *Paris*, 1845.

252. — Auteurs grecs et latins. 9 vol. in-4 et in-12, v.

C. Suetone Tranquille, de la vie des XII Césars, trad. en franç. *Paris*, 1611, in-4, front. gr. par J. Isaac, v. br. — Histoire univ. de Diodore de Sicile, trad. par l'abbé Terrasson. *Paris*, 1737, 7 vol. in-12, v. — Les œuvres d'Anacréon et de Sapho, trad. de grec en vers franç. par De Longepierre. *Amst.*, 1692, in-12, front. gr., v. — Trad. en prose de Catulle, Tibulle, etc., par l'auteur des Soirées Helvétiennes. *Amst. et Paris*, 1771, 2 vol. gr. in-8, front. par Eisen, v. marbr., fil., tr. dor.

HISTOIRE

I. — VOYAGES. — HISTOIRE UNIVERSELLE.

HISTOIRE ANCIENNE.

253. — L'Utilité des Voyages qui concerne la connaissance des médailles, inscriptions, statues, peintures anciennes, et les bas-reliefs, pierres précieu-

ses et gravées, cachets, talismans, anneaux, manuscrits, langues, etc., par Baudelot de Dairval. *Paris*, 1693, 2 vol. in-12, front. gr., figures, mar. v. du Lev., dos orné, fil., dent. int., mors en mar., tr. dor. (*Châtelin.*)

254. — Voyage autour du monde, fait en 1764 et 1765, sur le *Dauphin*, commandé par le chef d'escadre Byron, dans leq. on trouve une descript. exacte du détroit de Magellan, etc., trad. de l'angl. par M. R*** (Suard). *Paris*, 1767, in-12, front. gr., mar. r. du Lev., dent. int., mors en mar., tr. dor. (*Châtelin.*)

255. — Journal du voyage de Michel de Montaigne en Italie, par la Suisse et l'Allemagne, en 1580 et 1581, avec des notes par De Querlon. *Rome et Paris*, 1774, 2 vol. in-12, v. marbr.

256. — La Russie du XVIIe siècle dans ses rapports avec l'Europe occident., récit du voyage de P. Potemkim, par le prince Galitzin. *Paris*, 1855, in-8, br.

257. — Discours sur l'histoire universelle, par Bossuet. *Paris*, *Desoer* (*vers* 1820), 3 vol. in-18, portr., rel. pleine en mar. v. du Lev., à nerfs, dent. int., tr. dor.

258. — Les Ruines ou méditations sur les révolutions des Empires, par Volney. *Paris*, 1792, in-8, front. gr., mar. br. du Lev., dos et coins ornés, dent. int., mors en mar., tr. dor. (*Châtelin.*)

259. — Histoire des Juifs, écrite par Flavius Joseph, sous le titre : Antiquitez Judaïques, tr. par Arnauld d'Andilly. *Paris*, 1672, 4 tom. en 2 vol. in-12, mar. n. du Lev., à nerfs, dent. int., mors en mar., tr. dor. (*Châtelin.*)

260. — Idée du gouvernement ancien et moderne de l'Egypte, avec la description d'une nouv. pyramide, etc., par L. L. M. (J.-B. Le Mascrier). *Paris*,

1743, 2 tom. en 1 vol. in-12, fig., mar. bl. du Lev., à nerfs, dos et milieu ornés, fil., dent. int., tr. dor. (*Châtelin.*)

261. — Le Summaire et recueil des histoires romaines, conten. les faictz belliqueux de Jules César, de Pompée, et de la très cruelle conjuration de Luce Cathilin, citoyen romain, contre la noble cité de Romme, ainsi qu'il est amplement récité par Suétone, Saluste et Lucan. Et comment le Roy Alexandre fut curieux de scavoir la naissance du fleuve de Ganges, qui est l'un des quatre fleuves procédans de Paradis Terrestre, et de l'empeschement qui fut donné à ses gens à ce commis, et du miracle digne de mémoire, qui fut démonstré par ung vieil et ancien homme qui gardoit le passaige dudit fleuve de Ganges. *On les vend à Paris, en la rue Saint Jacques, à l'enseigne de l'Eléphant, chez Françoys Regnauld*, 1532. *Imprimé par Nicolas Savetier, demourant en la rue des Carmes, à l'enseigne de l'Homme saulvaige*, in-fol., gothique, titre imprimé en rouge et en noir dans un encadrement gravé sur bois, mar. brun doublé, semé d'ornements XVIe siècle, tr. dor.

Livre très rare. — Bel exemplaire grand de marges.

II. — HISTOIRE DE FRANCE.

262. — Collection des Chroniques Nationales Françaises (publ. par Buchon). *Paris*. 1825-28, 6 vol. in-8, cart., non rog.

Histoire de l'empire de Constantinople, sous les Empereurs Français, jusqu'à la conquête des Turcs, par Du Fresne Du Cange, revue par Buchon. 2 vol. — Chronique de la prise de Constantinople par les Francs, par Geof. de Ville-Hardouin, avec notes par Buchon. 1 vol. — Chronique de la conquête de Constantinople et de l'établissement des Français en Morée, écrite en vers politiques, trad. par Buchon. 1 vol. — Chronique de Ramon Muntaner, trad. du catalan, par J.-A. Buchon. 2 vol.

263. — Histoire de Pierre Terrail, dit le chevalier Bayard, sans peur et sans reproche, par Guyard de

Berville. *Paris*, 1768, in-12, mar. or. du Lev., à nerfs, dent. int., mors en mar., tr. dor. (*Châtelin.*)

264. — Relation des ambassadeurs Vénitiens sur les affaires de France au XVIe siècle, rec. et trad. par N. Tommaseo. *Paris, Impr. Roy.*, 1838, 2 vol. in-4, cart., non rog.

265. — L'Esprit de la Ligue ou histoire pol. des troubles de France pend. les XVIe et XVIIe siècles (par Anquetil). *Paris*, 1767, 3 vol. — L'esprit de la Fronde ou histoire polit. et milit. des troubles de France, pend. la minorité de Louis XIV (par J.-B. Mailly). *Paris*, 1772, 5 vol. — Ens. 8 vol. in-12, mar. v. du Lev. à nerfs, dent. int., mors en mar., tr. dor. (*Châtelin.*)

266. — Turenne, sa vie, les institutions militaires de son temps, par J. Roy. *Paris*, 1884, gr. in-8, fig. dans le texte, chromolithographies hors texte, br.

267. — Louis XIV et Marie Mancini, par Chantelauze. *Paris*, 1880, in-8, br.

268. — L'Espion dans les cours des princes chrétiens ou mémoires pour servir à l'histoire de ce siècle (par J.-P. Marana). *Amsterd.*, 1756, 9 vol. in-12, mar. r., fil., tr. dor. (*Reliure ancienne.*)

269. — Histoire du Palais Royal ou les amours du Roy Louis le Grand, dans laq. se trouve l'amour feinte du Roy pour Madame, l'emprisonnement de M. de Vardes, l'histoire de Mme la comtesse de Soissons, du comte de Guiche, du marquis de Vardes, le discours ou sermon prononcé à la vesture de Mme de La Vallière, par l'évêque d'Aire aux Carmélites de Paris, le 2 juin 1674. In-8, rel. pleine en veau fauve, non rogné.

MANUSCRIT DE LA FIN DU XVIIe SIÈCLE composé d'environ 200 pages.— Bel état de conservation.

270. — Histoire du soulèvement des fanatiques dans les Cévennes, commencé en 1702, terminé en 1705, par D*** (F. Duval, de Tours). *Paris*, 1713, in-12,

v. marbr. (*Raccommodage dans la marge du titre.*)

271. — Vie privée et ministérielle de Necker, par un citoyen. *Genève*, 1790, plaq. in-8, portr., mar. r. du Lev., à nerfs, dos orné, fil., dent. int., tr. dor. (*Châtelin.*)

272. — La police de Paris dévoilée, par P. Manuel. *Paris, an II* (1793), 2 vol. in-8, front. gr., tableaux, br., non rog.

273. — Coup-d'œil sur le règne de Louis XVI, par de Tocqueville. *Paris, s. d.*, in-8, br. — Maria Theresa und Marie Antoinette, etc. (Marie-Thérèse et Marie-Antoinette, leur correspondance, 1770-1780, publ. par A. von Arneth). *Wien*, 1865, in-8, br. — Ens. 2 vol.

274. — Histoire de la Révolution française, par L. Blanc. *Paris, s. d.*, 4 vol. in 4, nombr. portr. et fig. par De La Charlerie, rel. en toile r., tr. dor.

275. — La Révolution, 1789-1882, par Ch. D'Héricault, appendices par de St Albin, V. Pierre et A. Loth. *Paris*, 1883, gr. in-8, fig. noire en chromolith., fac-simile, rel. en toile r., plats ornés, tr. dor.

276. — Histoire de la civilisation en France, par Guizot. *Paris*, 1874, 4 vol. in-12, br.

277. — Journal officiel de la République française. *Paris, 20 mars au 24 mai* 1871, 66 n[os] in-fol. en feuilles.

Collection complète du Journal officiel de la Commune.

278. — Le fond de la société sous la Commune, par C. A. Dauban. *Paris*, 1873, gr. in-8, fig., fac-simile d'autogr., dem.-rel. v. f., tête dor., non rog.

III. — HISTOIRE DES PAYS ÉTRANGERS.

279. — La Belgique illustrée, ses monuments, ses paysages, ses œuvres d'art, publ. par E. Van Bem-

mel. 500 grav. sur bois. *Bruxelles*, 1880-1882, 2 vol. gr. in-4, br.

280. — Les délices de Leide, qui cont. une description de ses curiosités, etc. *Leide*, 1712, in-12, front. gr., figures, mar. r. du Lev., à nerfs, dent. int., mors en mar., tr. r. (*Châtelin.*)

281. — Le guide ou nouv. description d'Amsterdam. *Amsterd.*, 1720, in-12, nombr. figures, mar. amar. du Lev., à nerfs, dos et coins ornés, dent. int., mors en mar., tr. dor. (*Châtelin.*)

282. — Histoire de Marie Stuart, par Dargaud. *Paris*, 1850, 2 vol. in-8, br.

283. — La tyrannie heureuse ou Cromwell politique. par le S. de Galardi. *Leyde, J. Pauwels (à la Sphère)*, 1671, pet. in-12, front. gr., mar. br. du Lev., à nerfs, dent. int., tr. dor. (*Châtelin.*)

Jolie édition que l'on ajoute à la collection des Elzevier.

284. — L'Angleterre vue à Londres et dans ses provinces, pend. un séjour de 10 années dont 6 comme prisonnier de guerre, par le maréchal de camp Pillet. *Paris*, 1815, 1 vol. — Tableau de la Grande-Bretagne ou observations sur l'Angleterre vue à Londres, de M. Pillet, par Sarrazin. *Paris*, 1816. 1 vol. — Ens. 2 vol. in-8, dem.-rel.

285. — La Jeunesse du Prince Albert, par le gén. Grey, trad. par Mme de Witt. *Paris*, 1868. — Les Princes rivaux ou mémoires de Mary-Anne Clarke. favorite du duc d'York, écrits par elle-même. *Paris*, 1813. — Ens. 2 ouvr. en 2 vol. in-8, br.

286. — Leonardi Aretini de bello Italico adversus Gothos gesto historia, nunc primum edita. *Parisiis, apud Sim. Colinæum*, 1534, in-8, rel. pleine en mar. vert du Levant, à nerfs, fleuron XVIe siècle sur les plats, dent. intér., tr. dor. (*Capé.*)

287. — Istorie Fiorentine di G. Villani, fino all' anno 1348. *Milano*, 1802, 8 vol. in-8, portr., dem.-rel. bas.

288. — La historia d'Italia, di Fr. Guicciardini, riscontrata con tutti gli altri historici et autori che dell' estesse cose habbiano scritto, per Th. Porcacchi. *Venetia*, 1640, pet. in-4, v. marbr.

289. — Les merveilles de la ville de Rome, où est traité des églises, stations et reliques des corps saints qui y sont, ens. la restauration des églises, les noms des peintres les plus célèbres, les sept merveilles de Rome, etc. *Rome*, 1725, pet. in-8. front. gr., figures s. bois, mar. bl. du Lev., à nerfs, doublé de mar. r., fil. et ornem. intér., mors en en mar., tr. dor. (*Châtelin.*)

290. — Histoire des démembrements de la Pologne (par le comte Ant. de Ferrand). *Paris*, 1820, 3 vol. in-8, dem.-rel. v. v., non rog.

291. — Mémoires du baron de Tott, sur les Turcs et les Tartares. *Amsterd.*, 1785, 2 vol. in-4 de texte et un atlas in-fol. obl., dem.-rel., dos et coins de mar. v. du Lev., fil., tête dor., non rog.

292. — Histoire de la guerre des Tartares contre la Chine, trad. du latin du P. Martini. *Paris*, 1654, pet. in-8, mar. bl. du Lev., à nerfs, dent. int., mors en mar., tr. dor. (*Châtelin.*)

Petit raccommodage dans la marge du titre.

293. — Fragment de l'histoire de l'Indostan, tiré de l'angl. (de Alex. Dow). *Londres*, 1776, 2 tom. en 1 vol. in-12, mar. bl. du Lev., dos orné, fil., dent. int., tr. dor. (*Châtelin.*)

IV. — MÉLANGES HISTORIQUES. — BIOGRAPHIES.

294. — Histoire des Vestales, avec un traité du luxe des dames Romaines, par l'abbé Nadal. *Paris*, 1725, in-12, v. br.

295. — Bibliothèque militaire, hist. et politique (publ. par De Zurlauben). *Cosmopolis et Paris*, 1760.

3 vol. in-12, mar. r., à nerfs, dos orné, fil., dent. int., tr. dor. (*Châtelin.*)

Campagne de Louis, prince de Condé, en 1674. — Explications de tous les cols et passages du Dauphiné, versants en Savoye et en Piémont, etc. — Mémoires du baron de Zurlauben sur Arnaut de Cervole, dit l'Archiprêtre, capitaine gén. des Routiers. — Etc.

296. — Histoire littéraire. 6 vol. in-8, br.

Le XVIIIe siècle à l'étranger, histoire de la littérature franç., dep. la mort de Louis XIV jusqu'à la Révolution franç., par Sayous. *Paris*, 1871, 2 vol. — Souvenirs contemporains d'histoire et de littérature, par Villemain. *Paris*, 1854, 2 vol. — Revue crit. d'histoire et de littérature, publ. par Guyard, etc. *Paris*, 1882, 2 vol. (T[es] XIII et XIV).

297. — XVIIIe Siècle. Lettres, sciences et arts. France, 1700-1789, par P. Lacroix. *Paris, Didot*, 1878, nombr. chromolithogr., figures et vign., dem.-rel., dos et coins de chagr. v., dos orné, fil., tête dor., non rog.

Exemplaire en grand papier, avec les figures tirées sur chine avant la lettre.

298. — Hist. de l'empereur Jovien, et trad. de quelq. ouvrages de l'empereur Julien, par l'abbé De La Bletterie. *Paris*, 1776, in-12, mar. viol. du Lev., à nerfs, dent. int., mors en mar., tr. dor. (*Châtelin.*)

299. — Hist. de Théodose le Grand, par Fléchier, abbé de Saint-Séverin. *Paris*, 1749, in-12, mar. bl. du Lev., à nerfs, dent. int., mors en mar., tr. dor. (*Châtelin.*)

300. — Les vies des hommes illustres et grands capitaines françois qui sont peints dans la gallerie du Palais-Royal, avec leurs armes et devises, ens. les abrégez hist. de leurs vies, compos. par De Valson, S[r] de La Colombière. *Paris*, 1699, in-12, portraits, mar. n. du Lev., à nerfs, ornem. en mosaïque de mar. r. au milieu, dent. int., mors en mar., tr. dor. (*Châtelin.*)

301. — Des enfans devenus célèbres par leurs études ou par leurs écrits, traité hist. (par A. Baillet). *Paris*, 1688, in-12, portr. de G. N. de Lamoignon gr. par Trouvain, v. br.

301 *bis*. — La marquise de Brinvilliers, récit de ses derniers moments (ms. du P. Pirot), notes, par G. Roullier. *Paris, Lemerre,* 1883, 2 vol. in-16, pap. de Holl., br.

302. — Histoire de Mad. Henriette d'Angleterre, première femme de Philippe de France, duc d'Orléans. par Marie de La Vergne, comtesse de Lafayette. *Amsterd., M. C. Le Cène,* 1720, in-12 de 4 ff. prél. et 210 pag., v.

Première édition. — Petite déchirure dans la marge du titre et d'un feuillet.

303. — Mémoires de M. de Voltaire, écrits par lui-même. *Londres*, 1784, in-12, mar. r. du Lev., à nerfs, dent. int., mors en mar., tr. dor. (*Châtelin.*)

304. — Mémoires de Mme de Rémusat, 1802-1808, publ. par son petit-fils P. de Rémusat. *Paris*, 1880. 4 vol. in-8, br.

305. — Le maréchal Davout, prince D'Ecmühl, raconté par les siens et par lui-même (publ. par A. L. D'Eckmühl). *Paris*, 1880, 4 vol. in-8, portraits, br.

306. — Johann. Bocaccii de Certaldis historiographi de casibus virorum illustrium libri IX. *Sinè nota* (*Argentorati, G. Husner, circa* 1475). — Liber Johannis Boccaccii de Certaldo de preclaris Mulieribus. *Sinè nota* (*sed iisdem typis, circa* 1473). — 2 ouvr. en un vol. pet. in-fol., vél.

Première édition, fort rare, du premier des deux ouvrages, et seconde du Liber de *preclaris mulieribus*. — Exemplaire de Renouard.

307. — Dictionnaire crit. de biographie et d'histoire, par Jal, avec 218 fac-simile. *Paris*, 1872, gr. in-8 à 2 col., br.

308. — Les Marins, biographies illustrées, par Ed. Goepp et Mannoury d'Ectot. *Paris*, 1877, 2 vol. gr. in-8, figures, br.

309. — Les ducs de Guise et leur époque, étude hist.

sur le XVIe siècle, par H. Forneron. *Paris*, 1877, 2 vol. in-8, br.

310. — Mémoires de Christine, reine de Suède. *Paris*, 1830, 2 vol. in-8, br.

311. — Les récréations scientifiques ou l'enseignement par les jeux, par G. Tissandier. *Paris*, 1883. gr. in-8 avec 220 vign., br.

SUPPLÉMENT

312. — Epistole et Evangeli, trad. in Lingua Toscana dal Remiglio Fiorentino, dell' ord. de Predicatori. *En Venetia*, 1714, in-4, vél.

Ouvrage orné de nombreux et curieux bois gravés.

313. — Liber privilegiorum sacro ordini Cisterciensi, per summos pontifices concessorum, etc. *Parisiis, Seb. Cramoisy*, 1666, in-4, fig. au titre, vél. (*Déchir. à l'avant-dern. ff.*)

Rare et important ouvrage.

314. — Recueil des œuvres de M. Maupin, sur la vigne. *Paris*, 1782, in-8.

Renferme : Leçon sur le temps le plus convenable pour couper les vendanges. — Expérience sur la nouvelle manipulation des vins en Bourgogne et Champagne, etc.

315. — Etudes sur la profession médicale, suivies de l'histoire des établissements charitables qui ont existé à Rodez, par le docteur Viallet. *Paris*, 1876, in-8, br.

Quatre exemplaires.

316. — Catalogues de Musées (diverses dates), 7 vol. in-8 et in-12, br.

Louvre, Cluny, Versailles, Musée d'artillerie, British Museum Hampton-Court, Lyon.

317. — Les fureurs de l'amour et de la vengeance, par de G***. *Paris*, 1826, 2 vol. in-8, fig., br.

318. — Diversités galantes et littéraires. *Londres et Paris*, 1777, 2 vol. — Almanzi et Nina. *Paris, s. d.* — Ens. 3 vol. in-18, rel.

319. — Catalogus librorum latinorum, qui reperiuntur in officinâ J.-M. Bruyset, bibliopolæ Lugdunensis. — Cat. des livres françois qui se trouvent à Lyon chez Bruyset. *Lyon*, 1763, in-8, cart., non rogné. (*Rare*).

320. — Recueil des pièces couronnées par l'Académie des Belles-Lettres de Marseille. *Mars.*, 1771, in-8, carte, br., non rog.

321. — Monuments des victoires et conquètes des Français, de 1792 à 1815, in-4 oblong, dem.-rel. (*Manq. le titre*).

Nombreuses gravures au trait, gravées d'après les plus célèbres artistes, sous la direction d'Ambroise Tardieu.

322. — Recueil sur la Révolution. 1791-92. 30 pièces en 1 vol. in-8, cart., *non rogné.*

La plupart de ces pièces concernent l'armée et la marine. — Déclarations de guerre. — La garnison de Lille. — Camp de Soissons. — Saint Domingue.

323. — Journal professionnel d'un maitre de pension de Paris au XVIIIe siècle, par V. Advielle. *Pont-l'Evêque*, 1868, br. in-12.

324. — Beauce, Maine et Anjou. 11 broch. in-8.

Discours contre la religion des prêtres, prononcé dans le club des sans-culottes de Chartres, le 26 mai an II, par Louqueue. — Adresse de Chartres à l'Ass. Nat. 19 juin 1790. — Mém. sur les malad. qui ont régné dans les hôpitaux du Mans, en 1782, par Liné. — Eloge du roi, prononcé à l'Acad. d'Angers par Le Corvaisier. 1754. — Mandem. de l'évêque d'Angers. 15 juin 1790. — Opinions de Jacquemart. — Poésies de Benoît, de Saumur. — Extrait de la Soc. Acad. d'Angers, tome XXI. — Etc.

325. — Orléanais. 13 broch. in-4 et in-8.

L'étude des belles-lettres, épître par L'Huillier, conseiller au Châtelet d'Orléans. 1784. — Procès-verbal de la munic. de Fontenay-en-Gâtinois. 1791. — Observ. sur la rivière du Loiret, par Héricart. — Le Loiret et ses bords. — Disc. sur Dumoulin, par Merville. — Les comtesses de Blois, par Dupré. — Notice sur l'abbé Grégoire, par Carnot. — Mém. sur la place Ste-Croix, à Orléans. 1836. — Mém. pour Lyonnet, fermier de l'octroi de Gien. — Etc.

326. — Orléanais. 2 pièces in-4.

A Mgr de Jarente, évêque d'Orléans, poésie, par Sevestre, curé de Radepont, dioc. de Rouen, 1766, 8 pag. (*Rare*). — Les fayences d'Orléans et de Rouen, par de Possesse et de Bizemont. 1869.

327. — Gisors et son canton, par Charpillon. *Les Andelys*, 1867, in-8, carte, br.

328. — Picardie. 12 vol. broch. in-4 et in-8.

La gloire de Louis XIV, ode par l'abbé Carrelet. Soissons, 1736. — N° 71 de la Gazette de 1640 et 17 de 1695. — Discours prononcé par l'évêque de Soissons dans l'abbaye des Vignes, en 1692. — Notice sur le dép. de l'Aisne. An IV. — S. Adalard, abbé de Corbie, par d'Amécourt. — Bull. des comm. archéologiques, étymolog. des mêmes lieux de l'Aisne, par Roquet. — Pratique de pénitence, par J. Brunet, abbé de S. Crépin, de Soissons. 1733. — Etc.

329. — Recherches historiques sur la ville de Roubaix, par Marissal. *Roubaix*, 1844, in-8, pl., br.

330. — Bourbonnais. 8 broch. in-8.

Mémoire sur les eaux thermales de Néris, par Philippe, apothicaire à Montluçon. 1786. — Not. géog. sur l'Allier. An IV. — Vichy au XVIe siècle, par N. de Nicolay. — Not. médicale sur les eaux de Vichy. — Septfonds et les Trappistes. — Stances à la duchesse d'Angoulême, à son passage à Nevers. 1818. — Etc.

331. — Berry et Poitou. 19 broch. in-8.

Rapports et opinions des députés du Cher et du Poitou : Heurtault, de Puyvallée, de Sarade, Lacoudraye, etc. — Echange du comté de Sancerre. — Les éducations de vers à soie dans la Vienne, par Robinet. — Le Wolfram, par Haüy. — Le président Nicias Gaillard, par Fabre. — Adresse des curés de Chauny. — Bulletins de la Soc. des Antiq. de l'Ouest.

332. — Touraine. 8 broch. de differ. formats.

Adresse de la province de Touraine à l'Ass. Nat. — Transaction de l'année 1288, passée avec le doyen de l'église de Tours (fac-simile). — Les deux milices, par d'Azemas. — Histoire de la belle Hélène. — Ch. Plantin et le clichage. — Delphine et le commissaire de police de Tours. 1737. — Eloge de Velpeau, par Brelard.

333. — Guienne. 7 broch. in-8.

Lettre-adressée à la Chambre des Comm. de Guienne, par Hache, de Bordeaux. 1789. — Compte rendu des travaux de la Comm. des mon. hist. 1841-49-55.

334. — Histoire abrégée du Dauphiné de 1626 à 1826, par Augustin Périer, publ. par M. Chaper. *Grenoble*. 1881, in-8. — Examen critique de l'ins-

cription de St-Donat, par Terrebasse. *Vienne*, 1860, br. in-8.

335. — Procès-verbal des délibérations du département de l'Isère. Années 1846, 48-49 (double), 50, 54, 58. — Idem de la Drôme. 1853 et 1854. — Ens. 9 vol. in-8, br.

336. — Comté Venaissin et Provence. Treize broch. in-fol., in-4 et in-8.

Lettre des offic. munic. d'Avignon au Roi. 1790. — Insurrection fanatique à Avignon. 1791 (gravure). — Instruction pour Galissard, marchand à Nîmes (foire de Beaucaire). 1712. — Mém. sur le port de Narbonne, par de Gamond, planch. — Le port de Lafranqui, par Leucate. — Observat. sur les ventes mobilières. *Mars.*, 1840. — Etc.

337. — Région des Pyrénées. 15 vol. ou broch. in-4 et in-8.

Les eaux minérales des Pyrénées. An III. — Voyage au Mont-Perdu. An V. — L'ophite des Pyrénées, par Palasson. — Voy. minéral. au pic du Midi, à Bigorre. An III. — Les eaux minérales de Beaucens, d'Aulus, etc., par Balencie, Bordes. — Les Basques, par Berrécagaix. — Les associations partielles des Pyrénées, par Calvat. — Biogr. du comte de Villemur. — Opuscules de Carbonnel. — Descriptions romaines des Basses-Pyrénées. — Progression du journal des H.-Pyrénées. 1806. (*Rare*).

338. — La principauté de Serbie, par Balme. *Paris, Gauthier-Villars*, 1880, br. in-8, pap. vergé.

4 exemplaires.

339. — Recherches historiques et bibliographiques sur le tombeau de Narcissa (à Lyon), par Pierquin de Gembloux. *Montpellier*, 1851, in-12, br. (*13 exemplaires*).

340. — Mélanges sur Paris. 1808-1829. 15 pièces en 1 vol. in-4, dem.-rel.

Discours sur la tombe des médecins. — La fièvre jaune, par Chervin et Pariset. — Règlement de la Société de médecine pratique. — Les instruments de chirurgie, par Féburier, planch. — Mémoire pour Borel, contre Ch. Perlet, journaliste. — Liste des médecins de la Seine. — Société des eaux d'Auteuil, Neuilly, etc. — Budget de l'ordre de la Légion d'Honneur pour 1829. (*Rare*). — Etc.

TABLE DES DIVISIONS

ORDRE DES VACATIONS

Première Vacation :

Jeudi 12 Mars

N°s 1 à 172

Deuxième Vacation :

Vendredi 13 Mars

173 A LA FIN

LIVRES EN LOTS

Conditions de la Vente.

Les acquéreurs paieront, suivant l'usage, 5 0/0 en sus des enchères.

Il y aura exposition chaque jour, de **3** heures à **5** heures de l'après-midi, dans le local de la vente des articles catalogués, devant être vendus à la vacation du soir.

L'exposition mettant chacun à même d'examiner et de vérifier ce que l'on désire acheter, *une fois l'adjudication prononcée*, il ne sera repris aucun article, sauf dans le cas où les livres seraient notoirement incomplets.

La *LIBRAIRIE CLAUDIN* se charge des commissions des personnes qui ne pourraient assister à la vente.

DOLE. — TYP. CH. BLIND.

www.ingramcontent.com/pod-product-compliance
Ingram Content Group UK Ltd.
Pitfield, Milton Keynes, MK11 3LW, UK
UKHW020431180726
13839UKWH00003B/1440

9 782329 605197